LAS BELLAS HISTORIAS
DE LA BIBLIA

TOMO III

———◇———

PRUEBAS Y TRIUNFOS

(Desde la muerte de Nadab y Abiú hasta el ungimiento de David)

Los pasajes bíblicos de esta obra han sido literalmente tomados de la versión católica de las Sagradas Escrituras de Eloíno Nácar Fuster (†), canónigo lectoral de la S.I.C. de Salamanca, y Alberto Colunga, O.P., profesor de Sagrada Escritura en el Convento de San Esteban y en la Pontificia Universidad de Salamanca, con prólogo del Cardenal Gaetano Cicognani. Décima edición, Madrid, 1960. Unos pocos de los textos provienen de la versión católica de Bover-Cantera, u otras versiones católicas.

NOTA. Aunque en algunas oportunidades las expresiones usadas en el diálogo no son citas textuales de las Escrituras, en la inmensa mayoría de los casos se han tomado los textos literalmente de la Biblia. Pero con el objeto de no usar un estilo tipográfico que resultaría pesado para los jóvenes y niños, se han eliminado las comillas en el diálogo.

Spanish "Bible Story," vol. III

Las Bellas
HISTORIAS de la BIBLIA

Más de cuatrocientas historias en diez volúmenes que
cubren toda la Biblia, desde el Génesis hasta el Apoca-
lipsis, ilustradas con magníficos grabados a todo color

TOMO TRES
Pruebas y Triunfos

Por ARTURO S. MAXWELL

PUBLICACIONES INTERAMERICANAS
PACIFIC PRESS® PUBLISHING ASSOCIATION
Nampa, Idaho
Oshawa, Ontario, Canadá

EDITADO E IMPRESO POR

Publicaciones Interamericanas,
una división de la Pacific Press® Pub. Assn.,
P.O. Box 5353, Nampa, ID 83653-5353
EE. UU. de N.A.

OFFSET IN U.S.A.

CONTENIDO

Primera Parte — Historias de Israel en el Desierto

Levítico 9:1 a Números 20:29

Segunda Parte — Historias de la Conquista de Canaán

Números 21:1 a Josué 24:33

ILUSTRACION DE RUSSELL HARLAN   © 1954, BY REVIEW AND HERALD

En Canaán, tierra hermosa y feraz que Dios les había dado, los hijos de Israel se olvidaron de su esclavitud en Egipto y de las privaciones que habían sufrido durante su peregrinación.

Las ilustraciones que aparecen anónimas fueron pintadas por los siguientes artistas: Fred Collins, Kreigh Collins, Corrine B. Dillon, Francisco Ford, Russell Harlan, Guillermo Hutchinson y Vernon Nye.

PRIMERA PARTE

Historias de Israel en el Desierto

(Levítico 9:1 a Números 20:29)

HISTORIA 1

Dos Muchachos Irreverentes

DESPUES de todo lo que había ocurrido aquel día frente al tabernáculo, cuando Aarón y sus hijos habían sido consagrados al sacerdocio, seguramente creerías que estos cuatro muchachos serían los últimos que podrían causar algún problema en el campamento.

¿No los había lavado Moisés mismo en presencia de toda la congregación? ¿No había puesto sobre ellos esas vestiduras hermosas y limpias? ¿No habían colocado todos ellos sus manos sobre el becerro y los dos carneros, confesando sus pecados? ¿No había sido aplicada la sangre a sus orejas, a sus pulgares derechos, y al dedo gordo de sus pies?

Sí, por cierto. Y no podían haber pasado por todas esas ceremonias sin conocer su significado. Y aunque se hubieran olvidado, aun por un momento, cada vez que miraban a su padre, allí estaban ante sus ojos las palabras: "SANTIDAD A JEHOVA*".

---

* Aunque en el texto bíblico de la versión Nácar-Colunga, que es la que mayormente empleamos, se usa la palabra *Yavé*, la reemplazamos siempre por *Jehová*, por ser ésta menos erudita y más conocida.

Asistido por sus cuatro hijos, Aarón fue ordenado sumo sacerdote para servir al pueblo de Dios mientras viajaban hacia la tierra prometida. Sus vestiduras eran sumamente hermosas.

Conocían perfectamente bien lo que se había hecho. Lo entendían. Moisés no podría haber hecho más clara la idea de que Dios deseaba que fueran los mejores jóvenes en el campamento, un ejemplo para todos los muchachos y las niñas.

A Nadab, Abiú, Eleazar e Itamar se les había dado una maravillosa oportunidad. Cuanto más se piensa en ello, tanto más se ve cuán grande era esta ocasión, y cuánto esperaba Dios de ellos. Habían de ser los dirigentes espirituales de los jóvenes de Israel: jóvenes de un carácter tan inmaculado y de una vida tan noble que todos los muchachos y las niñas que los observaran, quisieran seguir en sus pasos.

¿Pero qué pasó con ellos? Dos se embriagaron inmediatamente después de la ceremonia de consagración, o unos pocos días después de la misma.

Dónde encontraron la bebida, no lo sé. Quizás había alguien en el campamento que tenía una prensa para exprimir uvas; pero ¿de dónde conseguían las uvas? Puede ser que hubiera alguien que tuviera un alambique para destilar alcohol, pero ¿de dónde obtenían el cereal? Hasta puede haber ocurrido que uno de los que pertenecían a aquella multitud "de toda suerte de gentes", hubiera traído la bebida de Egipto, pero disgusta pensar que hubiera sido introducida de contrabando a través del Mar Rojo en aquella noche de la gran liberación. Todo lo que sabemos es que en el campamento había alcohol y que Nadab y Abiú lo bebieron.

Debieran haberse portado mejor, pues de entre todos, debían haber sido los últimos en cometer semejante acto. En cualquier otra persona, eso habría significado una terrible equivocación; pero en ellos, que habían sido apartados para el ministerio sagrado, era un terrible pecado.

DOS MUCHACHOS IRREVERENTES

Puede ser que a esos dos muchachos no les importaba mucho el haber sido elegidos para trabajar en el santuario. Tal vez ni siquiera querían ser sacerdotes. Puede ser que participaron en toda esa larga ceremonia de consagración sólo porque su padre y su tío se lo pidieron. Lo cierto es que el lavamiento que Moisés realizó no había limpiado sus corazones, ni la sangre que fue aplicada a sus pies impidió que fueran a comprar bebidas alcohólicas.

Pero el pecado de usar bebidas alcohólicas no era nada en comparación con el crimen que eso los indujo a cometer.

Bajo la influencia del alcohol se mofaron de sus deberes sagrados y haciendo bromas, se preguntaron por qué debían prender sus incensarios en el altar de oro, del incienso, que estaba en el tabernáculo. ¿Por qué no podían encenderlos en cualquier otro lugar que se les antojara?

Así "los hijos de Aarón, Nadab y Abiú, tomaron cada uno un incensario, y poniendo fuego en ellos y echando incienso, presentaron ante Jehová un fuego extraño, cosa que no les había sido ordenada".

Puede ser que los dos muchachos hayan caminado tambaleándose por el tabernáculo, moviendo sus incensarios irreverentemente, sin pensar en el significado sagrado de lo que debían estar haciendo en ese momento. Nunca sabremos con exactitud lo que hicieron, pero a Dios le desagradó muchísimo su conducta. No solamente le habían desobedecido, sino que habían tratado en forma profana y liviana las cosas sagradas y santas. Aunque el Señor los había honrado por encima de todos los jóvenes del campamento y había confiado en ellos, Nadab y Abiú le habían faltado.

Por un acto tal debían ser castigados. Dios no podía permitir que una desobediencia y una insolencia de esta clase quedara sin reprensión.

Y así ocurrió que, mientras Nadab y Abiú se bamboleaban en torno al tabernáculo con "fuego extraño" en sus incensarios, salió una llamarada de luz del propiciatorio, desde donde no podía esperarse ahora ninguna misericordia, y los pobres muchachos insensatos fueron repentinamente quemados "y murieron ante Jehová".

Las noticias conmovedoras pronto se esparcieron por el campamento. La gente estaba pasmada al pensar que dos de los que acababan de ser consagrados al sacerdocio manifestaran tan pronto su infidelidad.

Como se trataba de los hijos de Aarón, todo el mundo esperaba que hubiera un gran sepelio. Pero no se hizo ninguna ceremonia. Moisés no lo permitió. En cambio, pidió a dos hombres de edad que transportaran los cuerpos fuera del campamento y los enterraran. No debía hacerse ningún duelo por la muerte de dos muchachos tan perversos. Aun a Aarón se le dijo que no debía llorar por ellos.

Eso debe haberle parecido muy duro a Aarón, porque no solamente había perdido a dos de sus hijos, sino que ni siquiera se le permitía llorarlos, como cualquier padre hubiera querido hacerlo.

Entonces fue cuando el Señor le habló y le dijo: "Ni tú ni tus hijos bebáis vino, ni bebida que pueda embriagar, cuando entréis en el tabernáculo del testimonio, so pena de muerte..., para que tengáis conocimiento para discernir entre lo santo y lo profano, entre lo impuro y lo puro".

≈≈≈≈≈≈≈≈≈

HISTORIA **2**

Dios y los Quejosos

≈≈≈≈≈≈≈≈≈≈≈≈≈≈

NO MUCHO tiempo después de la muerte de Nadab y Abiú, alguien notó que la nube que se había cernido sobre el tabernáculo durante las últimas siete semanas parecía estar moviéndose de nuevo.

La noticia se esparció como reguero de pólvora por el campamento. "¡La nube! ¡Miren la nube! ¡Se está moviendo!"

Y en realidad así era. Y se estaba desplazando hacia la tierra prometida. ¡Qué excitación! ¡Por fin iban a salir del Sinaí! ¡Dentro de poco estarían en Canaán! Parecía demasiado bueno para ser verdad.

Avidamente el pueblo empaquetó sus cosas y plegó sus tiendas, alistándose para el viaje. Se juntaron las vacas y las ovejas, y se uncieron los bueyes a los carros.

Los levitas comenzaron a desarmar el tabernáculo, y a enrollar las grandes cortinas, cubriendo el precioso moblaje con paños que habían sido preparados con ese propósito. Pronto todo el pueblo se hallaba en marcha.

Viajaron por tres días. Una vez más la nube se detuvo,

los levitas volvieron a armar de nuevo el tabernáculo, y las doce tribus acamparon en torno al mismo. Al principio el pueblo se hallaba muy feliz, más de lo que jamás había estado desde aquella noche maravillosa en que había salido de Egipto. Todos veían que por fin estaban avanzando. Pronto llegarían a Canaán, la tierra de sus sueños.

Eso era lo que pensaban, pero no había de ser así. Todavía no estaban listos para entrar en Canaán. Había muchas lecciones aún que debían aprender. Habían visto el milagro de Dios en el Mar Rojo. Habían escuchado su voz desde el monte Sinaí. Habían comido su maná diariamente durante muchos meses, pero no lo amaban de verdad. Su fe en él era todavía muy débil.

No habían estado en ese lugar por muchos días cuando de nuevo comenzaron a oírse murmuraciones entre ellos. Algunos se quejaban de una cosa, otros de otra. A algunos no les gustaba el terrible desierto en el cual se hallaban, y hubieran querido volver otra vez al Sinaí. Otros lamentaban que no hubiera suficiente pasto para su ganado. Otros decían que tenían que caminar mucho para encontrar agua. Eso desagradó al Señor.

El fuego irrumpió en el campamento. Muchas personas perecieron consumidas. Cuando el pueblo clamó a Moisés por ayuda, él oró a Dios y "el fuego se apagó".

Pero aun esta lección no detuvo la murmuración por mucho tiempo. Pronto comenzó de nuevo. Algunos de la "gran muchedumbre de toda suerte de gentes" que habían venido

junto con los hijos de Israel de Egipto comenzaron a quejarse en esta oportunidad; pero los israelitas rápidamente se les unieron. Ahora el motivo era la alimentación. Estaban cansados del maná y deseaban carne.

"¡Quién nos diera carne que comer! —clamaban—. ¡Cómo nos acordamos de tanto pescado como de balde comíamos en Egipto, de los cohombros, de los melones, de los puerros, de las cebollas, de los ajos! Ahora está al seco nuestro apetito, y no vemos sino el maná".

Había un acento despectivo en sus voces cuando se referían al maná, y a Dios no le agradó esa actitud. Y le complació aún menos el que todos empezaran a llorar, "cada uno a la puerta de su tienda".

¡Pobre pueblo insensato! Se acordaba de todas las cosas buenas que había tenido para comer en Egipto, pero se olvidaba de la esclavitud que había soportado, de los capataces, de los golpes y castigos, y del trabajo duro. Sí, y se había olvidado de todo lo que Dios había hecho en su favor durante los catorce meses de libertad que había gozado.

Una vez más Moisés se dirigió a Dios en procura de ayuda. "¿Dónde tengo yo carne para alimentar a todo este pueblo? —exclamó—. ¿Por qué llora a mí clamando: Dadnos carne que comer?"

Dios le dijo que no se afligiera. El haría que el pueblo tuviera carne, y que esa carne alcanzara para todo un mes.

—¿Pero cómo? —preguntó Moisés—. Seiscientos mil infantes cuenta el pueblo en medio del cual estoy, y me dices: Yo les daré carne, y la comerán todo un mes. ¿Bastará para ello degollar todas las ovejas y todos los bueyes?... ¿Se juntarán todos los peces del mar para darle abasto?

—¿Acaso se ha acortado el brazo de Jehová? —fue la respuesta del Señor—. Ya verás si es o no es como te he dicho.

Moisés debió haber recordado también cómo Dios lo había ayudado a salir de una situación difícil semejante a ésta en una ocasión anterior, poco tiempo después de salir de Egipto.

Al día siguiente el viento comenzó a soplar del lado del Mar Rojo, y con él también vinieron las codornices de nuevo, sólo que en esta ocasión en incontables millares.

¡Qué fiesta fue aquella! Habían clamado por carne; ahora la tenían, y podrían comerla. Durante días y días no comieron otra cosa que codornices: por la mañana, a mediodía y por la noche. No se molestaron por juntar maná, sino que consumían sólo codorniz. Y comieron carne hasta que se sintieron enfermos aun de verla. Muchos comieron tanto que enfermaron de veras. Se declaró una epidemia. Cientos de personas murieron como resultado de la gula y por intoxicación alimenticia. Cada día había más y más funerales.

Tantas personas murieron, que al lugar de esa primera escala en el camino a Canaán se le dio un nuevo nombre: Quibrot-hat-tava. Es un nombre largo, pero vale la pena recordarlo. Significa "las tumbas de concupiscencia", porque allí recibieron sepultura las personas dominadas por la gula y la codicia.

HISTORIA 3

Los Dos Hombres Ausentes

LAS interminables quejas y murmuraciones eran una carga casi demasiado pesada para Moisés. Y no es de admirar. El trabajo de conducir a un millón de hombres, mujeres y niños a través de un desierto cálido y seco, era ya en sí, sin añadirle todas las críticas, una tarea difícil.

Cuando Moisés oró a Dios acerca de este asunto, el Señor le dijo que eligiera setenta de los mejores hombres de Israel y formara un consejo que tomara sobre sí una buena parte de su carga. Entonces él no llevaría toda la culpa cuando las cosas parecían ir mal.

Jetro, su suegro, le había dicho una vez la misma cosa, y en aquel tiempo Moisés había nombrado dirigentes de mil, de cien, de cincuenta y de diez. Pero aún así se estaba matando con el trabajo y la ansiedad.

"Reúneme setenta hombres de entre los ancianos de Israel, de los que te consta son ancianos del pueblo y magistrados suyos —le dijo Dios—; llévalos a la tienda de reunión, donde se estén contigo".

Moisés hizo entonces una lista de los mejores hombres que él conocía en el campamento, y les mandó a avisar que se encontraran con él a la puerta del tabernáculo. Extrañamente, sólo vinieron sesenta y ocho. Cuando se pasó lista, faltaban dos: Eldad y Medad. Los nombres sugieren que tal vez se trate de hermanos, probablemente mellizos.

La Biblia no dice por qué no vinieron cuando Moisés los llamó. Por cierto que no podía ser debido a que eran rebeldes u obstinados, o alguna razón de esa naturaleza. Si lo hubieran sido, Moisés nunca los hubiera elegido para ser miembros del nuevo concilio de Israel. Tal vez estaban realizando alguna buena acción en favor de alguien, y no podían dejarla, o probablemente no se sintieron dignos del honor que Moisés les había ofrecido.

El hecho es que no llegaron y que Moisés tuvo que seguir adelante sin ellos. Ubicó a los sesenta y ocho dirigentes "en derredor del tabernáculo" y esperó que Dios obrara.

De repente la columna de nube descendió muy cerca de todos ellos, tan cerca que podían oír a Dios hablándole a Moisés. Entonces ocurrió algo realmente admirable. El Espíritu de Dios descendió sobre todos ellos, y "pusiéronse a profetizar, y no cesaban". Debió haber sido algo similar a lo que ocurrió unos quince siglos más tarde en el día de Pentecostés, cuando el Espíritu Santo descendió sobre los discípulos y comenzaron a hablar acerca de las cosas maravillosas de Dios.

Ahora podemos ver por qué Moisés había ubicado a los sesenta y ocho hombres "en derredor del tabernáculo". Si hubieran estado en un solo grupo todos juntos, y hubieran empezado a hablar al mismo tiempo, habría ocurrido una gran confusión; pero ahora cada hombre tenía su propio auditorio. Y mientras los israelitas que se habían juntado alrededor del tabernáculo escuchaban las cosas hermosas que decían los hombres, estaban impresionados de que Moisés hubiera elegido verdaderos hombres de Dios para ser sus dirigentes espirituales.

En medio de toda la excitación un joven se abrió paso entre la multitud y vino corriendo hacia Moisés mientras exclamaba: "Eldad y Medad están profetizando en el campamento".

De esta manera Dios no había olvidado a los dos hombres que faltaban, aun cuando no habían podido llegar a la reunión frente al tabernáculo por alguna justa razón. El había puesto su Espíritu sobre ellos también, lo cual prueba que ambos deben haber sido hombres muy buenos.

Pero a Josué no le gustaba lo que estaba ocurriendo.

—Mi señor Moisés —exclamó—, impídeselo.

El estaba temeroso de que, si otras personas comenzaban a profetizar en el campo, despojarían a Moisés de parte de su poder y autoridad. Pero Moisés no lo objetó.

—¿Tienes celos por mí? —dijo—. ¡Ojalá que todo el pueblo de Jehová profetizara y pusiese Jehová sobre ellos su Espíritu!

Moisés no se sentía celoso en lo más mínimo de que otras personas estuvieran haciendo las cosas que él había estado realizando solo hasta ese momento. Estaba listo a compartir la gloria de la dirección, si esta era la voluntad de Dios. ¿Por qué debía preocuparse de que Eldad y Meldad estuvieran profetizando en el campo? Habría setenta personas que desde ese momento lo estarían haciendo, y él hubiera querido que todos los israelitas merecieran ese honor.

Las palabras de Moisés —"¡Ojalá que todo el pueblo de Jehová profetizara!"— se hallan entre las más hermosas de la Biblia. Todos debemos tratar de recordarlas. Pues la disposición a compartir los goces y las recompensas de la dirección es una señal de verdadera nobleza. Sólo las personas pequeñas y egoístas tratan de guardarse para sí las mejores cosas, los primeros lugares, los mayores honores.

HISTORIA 4

Dificultades en la Familia

UN REFRAN común dice: "Sobre llovido, mojado". Así debió haber pensado Moisés cuando, bien pronto después de que la gente había murmurado acerca de la alimentación, se enteró de que su propio hermano y su hermana estaban hablando contra él.

Eso debió haberle dolido, porque amaba mucho a Aarón* y a María. ¿Acaso no había sido María la hermana mayor que lo había vigilado cuando, siendo un bebé, había sido colocado en el arca entre los juncos de la orilla del Nilo? ¿No había sido Aarón el que una vez había recorrido todo el camino desde Egipto hasta el monte Sinaí para verlo? ¿No habían los tres trabajado y sufrido y orado juntos para sacar a Israel de Egipto?

¿Qué los incomodaba? Estaban portándose como dos niños díscolos, en lugar de proceder como dos adultos maduros.

En primer lugar, estaban fastidiando a Moisés con respec-

---

* Para dar uniformidad a la ortografía de los nombres propios se ha empleado siempre la de la versión Reina-Valera, que es la más difundida en los países de habla castellana.

to a su esposa. Debido a que era madianita y morena, decían que era etíope, o sea cusita. Indudablemente habían dicho eso muchas veces en broma; pero ahora lo afirmaban en forma tan mordaz, que desagradaba a Moisés.

Además decían: "¿Acaso sólo con Moisés habla Jehová? ¿No nos ha hablado también a nosotros?" ¡Ah! ¡Ese era el problema! Estaban celosos de algo. Moisés se preguntaba qué podría ser. ¿Querían ellos su puesto? ¿Estaban cansados de que él fuera el jefe?

Entonces recordó. ¡Era evidente! Así como Josué, se sentían descontentos por el nombramiento de los setenta ancianos y de que el Espíritu de Dios hubiera descendido sobre ellos. Temían no ser tan importantes en el campamento desde ese momento. Moisés, pensaban ellos, debió habernos consultado antes de hacerlo.

¡Esto era terrible! Si Aarón y María comenzaban a murmurar como los demás, era señal de que las cosas habían tomado un mal giro. ¿Qué podía hacerse al respecto?

No había nada que Moisés pudiera hacer. Al nombrar a los setenta ancianos, él sólo había hecho lo que Dios le había ordenado; y en cuanto a que ellos recibieran el Espíritu Santo, seguramente que él no era responsable de ello. Y él no era uno que iba a defenderse a sí mismo. La Biblia dice que en ese tiempo era el hombre más humilde de toda la tierra.

Aquella era una situación en la cual Dios debía intervenir. Y él tendría que decidir el asunto de una manera clara a fin de que no hubiera malos entendidos en lo sucesivo. Así, mientras los tres estaban conversando entre ellos con cierta excitación, tal vez en la tienda de Moisés, "de improviso dijo Jehová a Moisés, Aarón y María: Salid los tres a la tienda de reunión".

22

DIFICULTADES EN LA FAMILIA

Esta era una orden. Fueron, preguntándose sin duda qué había de ocurrir después.

Al llegar al tabernáculo, vieron la columna de nube descendiendo con lentitud, hasta que los tres parecieron estar encerrados con Dios, por así decirlo. Entonces el Señor habló.

"Aarón y María —dijo Dios, y los dos se adelantaron—. Oíd mis palabras. Si uno de vosotros profetizara, yo me revelaría en él en visión y le hablaría en sueños. Pero —siguió diciendo— no así a mi siervo Moisés, que es en toda mi casa el hombre de confianza. Cara a cara hablo con él, y a las claras, no por figuras; y él contempla el semblante de Jehová. ¿Cómo, pues, os habéis atrevido a difamar a mi siervo Moisés?

Aarón y María estaban silenciosos y con temor, porque era evidente que Dios se hallaba muy disgustado con ellos por lo que habían dicho a su hermano. Esperaron para ver si Dios hablaba de nuevo, pero no lo hizo. Entonces la nube se elevó, y los tres se hallaron juntos bajo el sol radiante del desierto.

De repente María dejó escapar un grito. "¡Miradme!
—exclamó—. ¡Miradme! ¡Estoy leprosa!"

"Mirando Aarón a María, la vio toda cubierta de lepra".

Esta era una cosa terrible que le ocurriera a alguien, porque en aquellos días la lepra era considerada como una enfermedad incurable. Gradualmente iba carcomiendo los dedos
de los pies y las manos de una persona, y era tan contagiosa
que cualquiera que la contraía de inmediato había de ser puesto fuera del campamento.

Fue un momento muy emocionante. María, completamente quebrantada, derramaba en lágrimas su corazón frente
a su terrible castigo. Aarón, enfermo de angustia y muy arre-
pentido, clamaba por perdón para sí mismo y para su hermana.
Y Moisés, a quien María había herido más que a ninguna otra
persona con su lengua de amargura, estaba sobre sus rodillas
implorando a Dios que la sanara.

Nunca, tal vez, en toda la historia, se vio una escena fa-
miliar tan patética.

24

DIFICULTADES EN LA FAMILIA

Y Dios lo estaba observando todo. Su amoroso corazón se hallaba profundamente conmovido. Oyó la oración de Moisés. María fue sanada, pero a fin de que no olvidara su lección, el Señor ordenó que se la llevara fuera del campamento durante siete días. Entonces podría regresar, y todo volvería otra vez a la normalidad.

Así la pobre María fue conducida hasta el borde del campamento y colocada afuera, como se habría hecho con cualquier persona que hubiera tenido la lepra. Indudablemente que Moisés y Aarón la acompañaron para consolarla y para despedirla. Y estoy seguro de que ellos aparecieron en el mismo lugar una semana más tarde para darle la bienvenida con los brazos abiertos.

HISTORIA **5**

Tan Cerca, pero tan Lejos

SABES cuánta distancia hay desde el monte Sinaí hasta el límite de Canaán? ¡Menos de 250 kilómetros! Si hubiera habido una buena carretera moderna que atravesara el desierto en aquellos días —la cual no existía— y si Israel hubiera poseído unos pocos cientos de camiones —que no tenía—, podrían haber cubierto toda la distancia en cuatro o cinco horas.

Aun como iban las cosas —avanzando tan sólo al paso del más pequeño cordero, o del niño de menos años, o del burro más obstinado— la caravana estaba a sólo once días de camino.

De modo que no pudo haber transcurrido mucho tiempo desde que se presentó el problema de las codornices, y desde que se produjo la dificultad aún peor entre Moisés, Aarón y María, hasta el momento cuando se acercaron a la tierra de sus sueños.

Allí por fin, precisamente unos quince meses después de su gran liberación de Egipto, observaron por primera vez las verdes colinas y los fértiles valles de su futuro hogar.

26

¡Qué excitación habrá reinado en el campamento! Puedo imaginarme a las madres abrazando a sus hijos, gozosas con sólo pensar que los días difíciles del desierto, con todo su calor, su sed, su cansancio, pronto terminarían. Los muchachos y las niñas gritaban de alegría al observar la tierra que fluía "leche y miel", acerca de la cual habían oído hablar a sus padres. ¡Qué lujo! ¡Toda la leche que podían beber! ¡Toda la miel que quisieran comer! ¡Qué país debía ser ése!

Entonces se ordenó a la gente que permaneciera en el campamento mientras doce hombres, uno de cada tribu, se adelantarían a explorar el país a fin de descubrir qué debía hacerse para tomar posesión de él.

Estos hombres, cada uno de los cuales era un dirigente, debían recorrer toda la región para averiguar cuánta gente vivía allí, cuán sólidamente estaban fortificadas las ciudades, qué clase de alimento cultivaban, y si había árboles para construcción.

Era un gran honor ser escogido para esa misión. Cada tribu envió a su más destacado representante. Todos eran "jefes de los hijos de Israel". De ellos dependía mucho, ¡más de lo que se imaginaban!

27

TAN CERCA, PERO TAN LEJOS

Caleb fue enviado por la tribu de Judá, y Josué por la tribu de Efraín. Había otros diez, cuyos nombres nadie recuerda hoy.

Al despedirse los doce hubo muchos adioses y expresiones de buenos deseos de parte de los millares que se habían reunido para verlos partir. Entonces, cuando el último había desaparecido de la vista, el resto regresó a sus tiendas para esperar la vuelta de los espías.

Pasó una semana, dos semanas, tres semanas. Todavía no había noticias. ¿Qué podría haber ocurrido? ¿Habrían sido muertos los doce por los cananeos?

Cuatro semanas, cinco semanas... ¡Cuán largo parecía el tiempo de espera! Por fin, cuarenta días después de haber salido, regresaron. Todos venían cargados con varias clases de frutas. ¡Y cuán buenas deben haberles parecido a quienes habían vivido durante tanto tiempo en el desierto! Pero lo que llamó la atención de todos fue un enorme racimo de uvas, tan grande, que se necesitaban dos hombres para llevarlo. Si ese era el producto de Canaán, ¡qué país maravilloso debía ser!

En cuanto a los espías, dijeron que nunca habían visto un país semejante. "Hemos llegado a la tierra adonde nos mandasteis; en verdad mana leche y miel; ved sus frutos".

Hasta ahí, todo era felicidad. Todo el mundo estaba sonriente. Todos querían ir en seguida a Canaán. Entonces llegaron las malas noticias.

"Pero la gente que la habita es fuerte, y sus ciudades son muy grandes y están amuralladas; hemos visto también allí a los hijos de Anac".

Cuando algunos de los espías continuaron describiendo cuán fuerte era el pueblo de Canaán y cuán difícil sería qui-

29

ILUSTRACION DE FRANCISCO FORD   © 1954, BY REVIEW AND HERALD

Los doce espías enviados para reconocer la tierra de Canaán, volvieron después de un tiempo, trayendo consigo hermosas muestras de los frutos de ese país. Esto regocijó a la gente.

tarles la tierra, el corazón de los israelitas desfalleció. Para ellos fue un golpe tremendo. Creían que todo iba a ser fácil, así como había caído el maná y como el viento había traído las codornices. Pero esto. . . esto era terrible.

Nuevamente comenzaron a murmurar y a quejarse. Sin embargo "Caleb, imponiendo silencio al pueblo que murmuraba contra Moisés, clamó: ¡Subamos, subamos luego! ¡La conquistaremos, seremos más fuertes que ellos!"

Esa era una declaración valiente en un momento como ése, porque todos los demás —o casi todos— estaban contra él. Diez de los hombres que habían ido con él exclamaron: "No debemos subir contra aquella gente; es más fuerte que nosotros".

Eran dos contra diez, porque Josué estaba de parte de Caleb, y el pueblo creyó a los diez. Sus esperanzas se desvanecieron y se entregaron a la desesperación. "Entonces toda la muchedumbre rompió a gritar, y el pueblo se pasó toda la noche llorando".

A la mañana siguiente todos estaban de mal humor, inflamados de odio contra Moisés y contra Dios, y completamente rebelados.

"¡Ah, si hubiéramos muerto en la tierra de Egipto, o muriéramos siquiera en este desierto! —exclamaron. Y algunos hasta llegaron a decir—: Elijamos un jefe y volvámonos a Egipto.

El chasco que sufrieron era casi más de lo que podían soportar. Pero en ese momento Caleb y Josué se pusieron en pie delante de la multitud enfurecida y exclamaron: "La tierra por la que hemos pasado en reconocimiento es sobremanera buena. Si agradamos a Jehová, él nos hará entrar en esa tierra y nos la dará".

"¡Apedréenlos! ¡Apedréenlos!", gritó entonces el pueblo.

Pero no se arrojó una sola piedra. Repentinamente la gloria del Señor apareció en el tabernáculo y la enfurecida muchedumbre enmudeció. Israel aguardó, avergonzado y atemorizado, para escuchar lo que Dios iba a decir.

No tuvieron que esperar mucho tiempo. Pero cuando Dios habló, se dieron cuenta de su terrible equivocación.

Habían dicho que habrían preferido morir en el desierto. Muy bien, dijo el Señor, tendrán lo que desean. "Todos aquellos que han visto mi gloria y todos los prodigios que yo he obrado en Egipto y en el desierto, y todavía me han tentado diez y diez veces, desoyéndome, no verán la tierra que a sus padres juré dar". "En este desierto se consumirán; en él morirán".

¡Habían de ir otra vez al desierto! ¡Quedarían excluidos de Canaán para siempre! ¡Qué angustia! ¡Qué precio terrible debían pagar por haber dejado de confiar en Dios!

HISTORIA **6**

La Gran Rebelión

PUEDES imaginarte cómo se sintió el pueblo; y cuando llegó el amanecer del día siguiente, todos estaban terriblemente desanimados.

Seguramente los niños les habrán preguntado a sus madres:

—¿Hoy ya vamos a comer leche y miel?

—No, queridos, hoy no —replicaron las madres muy apenadas—, ni tampoco por muchos, muchos días.

Entonces los niños también lloraron.

Algunos de los hombres subieron a la cima de la montaña para contemplar nuevamente la tierra a la cual durante tanto tiempo habían esperado llegar. Desde allí la veían tan cerca que les daba lástima abandonarla y volver al desierto.

—Aquí estamos —se dijeron unos a otros—, e iremos a la tierra que el Señor nos ha prometido.

Pero ahora era demasiado tarde.

Cuando Moisés se enteró del plan que tenían, les mandó a decir que no intentaran llevarlo a cabo.

—No subáis, porque no va Jehová en medio de vosotros

y seréis derrotados por el enemigo —les dijo—. Los amalecitas y los cananeos están del lado de allá, frente a vosotros, y
caeréis bajo su espada; porque habiendo vuelto vosotros las
espaldas a Jehová, él no estará con vosotros.

Pero ellos igual fueron, y no les resultó bien. Cruzaron
la frontera cantando y gritando para mantener el ánimo. Pero
no lograron capturar ni siquiera la primera colina, porque los
habitantes del lugar vinieron y los echaron.

Cuando esos hombres volvieron al campamento aquella
noche, estaban muy tristes, porque sabían que era inútil tratar
de entrar en Canaán. Su última esperanza se había esfumado.

Pronto casi todo el campamento estaba enfurecido contra
Moisés. ¿Qué obligación tenían de escuchar a ese viejo? ¡Qué
lío había hecho con todo! ¿No había empleado quince meses
para hacer un viaje que debía haber terminado en dos semanas? Y ahora que por fin habían llegado a los límites de Canaán, quería que volvieran al espantoso desierto durante otros
cuarenta años. ¡Qué absurdo! No lo harían. ¿Por qué debían hacerlo? Además, ¿quién era Moisés?

S.B.S. 3-3

La gran rebelión había comenzado.

El cabecilla era Coré, un primo de Moisés, de más o menos la misma edad. Hasta puede haberse parecido a Moisés, porque ambos tenían el mismo abuelo: Coat, hijo de Leví. Quizás ésa haya sido una razón por la cual tantos otros estuvieron dispuestos a seguirlo. El hecho es que sublevó a no menos de "doscientos cincuenta varones de los hijos de Israel, todos de los principales de la asamblea, de los del consejo, hombres distinguidos", y juntos marcharon contra Moisés y Aarón.

—¡Es demasiado por vuestra parte! —dijeron insolentemente—, pues toda la comunidad, todos ellos son santos, y en medio de ellos está Jehová; ¿por qué os erguís por cima de la congregación de Jehová?

—Es demasiado por *vuestra* parte —replicó Moisés, empleando sus mismas palabras. Entonces les dijo que estaba dispuesto a permitir que el Señor decidiera quién había de ser el líder.

"Tomaos incensarios —les dijo—, poned mañana fuego en ellos, y sobre el fuego, el incienso ante Jehová; aquel a quien elija Jehová, ése será el santo".

Entonces envió mensajeros que fueran a buscar a los otros dos conspiradores, Datán y Abiram, miembros de la tribu de Rubén. Pero ellos rehusaron ir. En cambio enviaron este descarado mensaje: "¿Es poco habernos hecho subir de una tierra que mana leche y miel para hacernos perecer en el desierto?... En verdad, no nos has traído a un país que mana leche y miel, ni nos has dado posesiones de campos o viñas; ¿pretendes arrancar los ojos de esta gente? No iremos".

Nunca antes le había hablado alguien a Moisés de esa manera, y él estaba muy enojado. ¡Pensar que hablaban de Egipto como de una tierra que fluía leche y miel! ¡Egipto, la tierra de su esclavitud! ¡Y pensar que daban a entender que él quería ser un dictador que les sacaría los ojos a los que no concordaran con él! "¡Señor! —clamó en su dolor—, ni un asno he tomado yo de ellos; a nadie he perjudicado".

Había llegado el momento de la prueba. Todo el plan de salvación divino estaba en peligro. Si los rebeldes ganaban, todo lo que el Señor había procurado hacer por Israel estaría perdido.

Esa noche todo el campamento bullía de excitación por los rumores que corrían. En centenares de tiendas se pronunciaban palabras de amargura y enojo. Los amigos de Corán, Datán y Abiram iban de aquí para allá urgiendo a todos a reunirse a la mañana en el tabernáculo para presenciar el fin de Moisés y de su tiranía.

Temprano, a la mañana siguiente, mientras el pueblo se dirigía al tabernáculo, Dios les dijo a Moisés y a Aarón: "Apartaos de esa turba, que voy a destruirla en seguida". Pero ellos, postrándose sobre el rostro, dijeron: "¡Oh Dios, Dios del espíritu de toda carne! ¿No es uno el que ha pecado? ¿Por qué airarte contra toda la congregación?" Así fue como en ese momento de crisis esos dos amados ancianos oraron por el mismo pueblo que estaba complotando contra ellos.

Entonces Moisés cruzó por entre la multitud que se estaba congregando y se dirigió a la tienda donde estaban reunidos Coré, Datán y Abiram.

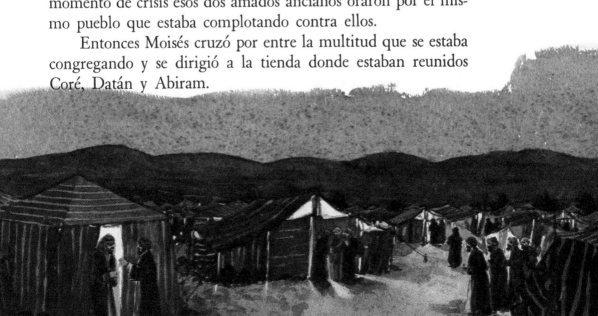

"¡Retroceded, retroceded! —pidió a la bullente multitud de espectadores—. Apartaos de la tienda de estos impíos... para que no perezcáis por sus pecados".

Cuando volvió a hablar reinaba un profundo silencio. "Ahora vais a saber que es Jehová quien me ha enviado para hacer cuanto he hecho —dijo—; y que no lo hice de mi propio impulso. Si éstos mueren de muerte natural, como mueren los hombres, no ha sido Jehová el que me ha enviado; pero si, haciendo Jehová algo insólito, abre la tierra su boca y se los traga..., y bajan vivos al seol; conoceréis que estos hombres han irritado a Jehová".

"¡Ahora sí que ha ido demasiado lejos! —dijeron algunos—. ¿Se cree capaz de hacer que la tierra se abra para tragar a sus enemigos?

No habían terminado de decirlo cuando se produjo un estruendo espantoso y la tierra se abrió... justo donde se hallaban Coré, Datán y Abiram. Repentinamente los tres, con todo lo que poseían, "vivos se precipitaron en el abismo, y los cubrió la tierra".

Al oír sus gritos de terror, todos huyeron presa del pánico, mientras las llamas asolaban el lugar donde estaban los 250 hombres con los incensarios encendidos, todos los cuales murieron abrasados.

Tú pensarías que esto habría sido suficiente para que todo el mundo se convenciera de quién estaba en lo cierto y quién no, pero no ocurrió así.

"¡Vosotros habéis exterminado al pueblo de Jehová!", gritaron los amigos de los rebeldes. Pero no habían terminado de decirlo, cuando la gente comenzó a caer muerta a diestra y siniestra.

Al ver eso, aun Moisés se sorprendió. "Se ha encendido la ira de Jehová —le dijo a Aarón—, y ha comenzado ya la mortandad". Temeroso de que el Señor consumiera por fin a todo el pueblo, le hizo un urgente pedido a su hermano: Toma "el incensario, pon en él fuego del altar e incienso, y corre a esa muchedumbre y expíala".

Y Aarón lo hizo. Llevando en su mano el incensario humeante, "corrió a la asamblea". ¡Imagínate el cuadro! ¡El bondadoso anciano, de ochenta y cinco años, corriendo de un lado a otro, agitando su incensario y clamando a Dios que perdonara al pueblo que había cometido una falta tan grande!

¡Qué amor verdaderamente maravilloso! La Biblia dice que Aarón "se quedó entre los muertos y los vivos hasta que cesó la mortandad".

HISTORIA 7

Flores en una Vara

LA GRAN rebelión había terminado. A consecuencia de la plaga habían muerto casi 15.000 personas, además de los 250 dirigentes que fueron quemados por el fuego, y de las familias de Coré, Datán y Abiram que habían desaparecido cuando la tierra se abrió y los tragó. Los demás estaban muy atemorizados, y agradecidos de que aún vivían.

La dificultad se había suscitado cuando se les había dicho a los israelitas que por otros cuarenta años no podrían entrar en Canaán; pero esa rebelión se había estado gestando durante mucho tiempo. Bien puede haber ocurrido que desde el momento en que Aarón había sido nombrado sumo sacerdote, su primo Coré se hubiera sentido celoso de él. Al hablar en contra de Aarón a los demás levitas, habrá pensado que algún día podría así conseguir su puesto. Lo mismo ocurría con Datán y Abiram. Habían sentido celos de Moisés porque era el dirigente, y ellos no. De manera que, ellos también, habían suscitado rivalidades, hasta que se había pronunciado una franca rebelión.

38

FLORES EN UNA VARA

Ahora aquellos habían desaparecido. Pero, ¿habían aprendido la lección los otros, a quienes se les había perdonado la vida? ¿Estarían todos ahora de acuerdo en que Dios quería que Moisés y Aarón los condujeran? Debido a que tantos levitas habían sido severamente castigados, quizás muchos se preguntaban ahora si Dios los habría rechazado como custodios del tabernáculo.

Para que se comprendieran plenamente sus deseos, Dios le dijo a Moisés que pidiera a los dirigentes de las doce tribus, que se acercaran al tabernáculo. Cada uno había de traer con él su vara: el palo largo que los hombres de entonces usaban cuando caminaban.

Los doce hombres acudieron como se les ordenó. Aarón se encontraba entre ellos como cabeza de la tribu de Leví. Siendo que se trataba de los hombres más importantes del campamento, todos se habrán preguntado por qué los mandaba a llamar Moisés. Indudablemente habrán sospechado que tendría que ver con los tristes sucesos ocurridos hacía pocos días. Imagínate cuán sorprendidos habrán quedado cuando Moisés les pidió que trajeran sus varas. ¿Qué querrá con ellas?, se habrán preguntado.

A medida que cada uno de los dirigentes le alcanzaba su vara, Moisés escribía cuidadosamente en ella el nombre del que se la entregaba, antes de colocarla con las demás. Esto debe haber requerido bastante tiempo y mientras tanto los doce hombres se habrán estado preguntando qué sucedería después.

Cuando los doce nombres hubieron sido escritos en las doce varas, con tanta claridad como para que no hubiera lugar a ninguna confusión, Moisés las recogió y las llevó al tabernáculo. Cuando salió otra vez les indicó a los hombres que ahora podían irse, pero que debían volver al día siguiente. En esa oportunidad Dios les mostraría mediante un milagro cuál de las doce tribus había elegido él para ministrar en los servicios del santuario y quién era el hombre que había sido apartado por él para sumo sacerdote. La señal consistiría en que la vara de ese hombre florecería. Sí, en esa vara seca, habría brotes y flores.

Los doce dirigentes volvieron a sus tiendas sin cayado, pero muy excitados. Pensaban que tal vez Dios iba a operar un cambio en la dirección de Israel y que ésa sería la forma en que se lo comunicaría. Quizás al día siguiente descubrirían que algún otro había llegado a ser el sumo sacerdote en lugar de Aarón. Si ese fuera el caso, ¿cuál de ellos sería?

Seguramente que en su camino de regreso, algunos de los del pueblo habrán notado que no llevaban cayado.

—¿Perdieron el cayado? —tal vez les preguntaron.

—¡Oh, no! Lo dejamos en el tabernáculo —quizás les replicaron—. Estamos esperando para ver cuál de ellos florecerá.

A la mañana siguiente se reunió una multitud considerable en torno al tabernáculo para ver el resultado. Si una de las doce varas había florecido, ¿cuál de ellas sería?

Cuando los doce dirigentes hubieron llegado, Moisés entró en el tabernáculo. Aun él se sorprendió con lo que vio. Porque una de las varas tenía no solamente brotes y flores, sino también almendras maduras.

Entonces, llevando afuera las doce varas, se las mostró a los doce príncipes. Imagínate cuán atónitos se habrán quedado al comprobar que, de la noche a la mañana, una de las varas se había transformado en un árbol.

—¿De quién es esa vara? —exclamaron.

—Acérquense y véanlo —respondió Moisés.

Ansiosos por descubrirlo, los doce se adelantaron y entonces vieron el nombre, claro e inconfundible, a pesar de todas las flores y las almendras que lo rodeaban.

—¡Aarón! —exclamaron como un solo hombre.

De manera que, al fin y al cabo, no iba a producirse ningún cambio en la dirección. Y todos se sintieron satisfechos, porque no podía quedar ninguna duda de que Dios había hablado. Claramente había expresado que todavía deseaba que la tribu de Leví se hiciera cargo del tabernáculo, y que Aarón fuera el sumo sacerdote.

Y, de paso, Aarón fue el único que no recibió de vuelta su vara, porque Dios le dijo a Moisés que la llevara al tabernáculo.

41

HISTORIA **8**

Agua de la Roca

DURANTE los cuarenta años siguientes, los hijos de Israel vagaron por el desierto. No se sabe mucho de lo que les ocurrió durante ese tiempo. Lenta, fatigosamente se trasladaban de un lugar a otro, quedando sólo el tiempo necesario para que el ganado comiera el poco pasto que encontraba. Luego volvían a marchar, quemados por el sol abrasador, andando sin rumbo ni esperanza. Era una situación angustiosa y más de una vez deben haber pensado en el precio terrible que tenían que pagar por no haber confiado en Dios.

Uno tras otro, todos los que habían participado en la gran rebelión perecieron. Antes de que transcurrieran cuarenta años, a lo menos seiscientos mil sepulcros jalonaron el desierto cruel y solitario.

Aun cuando sufrieron mucho, Dios no los abandonó completamente. Todos los días de la semana, excepto el séptimo, les enviaba maná para comer. Y desde el momento en que Moisés hirió la roca en Horeb, poco después de haber salido de Egipto, no les faltó agua para beber. No era que ésta pro-

venía de Horeb; pero siempre, cuando más la necesitaban, fluía fresca y pura del suelo rocoso.

El profeta Isaías escribió mucho tiempo después al respecto: "No padecieron sed; por el desierto los condujo; agua de la roca hizo brotar para ellos, y hendió peñas y manó el agua". David rememora que las aguas "corrieron como un río por el desierto".

Sin embargo un día, cuando estaban llegando al final de su peregrinación, cesó la corriente de agua. Si hubieran contado cuidadosamente los años que habían andado errantes por el desierto, habrían tomado eso como una señal de que se estaban acercando de nuevo a la tierra prometida. Pero en cambio fueron otra vez a quejarse a Moisés y a Aarón, quienes eran ya muy ancianos.

"¡Ojalá hubiéramos perecido cuando perecieron nuestros hermanos ante Jehová! —se lamentaron—. ¿Por qué has traído al pueblo de Jehová a este desierto a morir, nosotros y nues-

tros ganados? ¿Por qué nos sacaste de la tierra de Egipto, para traernos a un lugar tan horrible como éste, que ni puede sembrarse, ni tiene viñas, ni higueras, ni granados, y donde ni agua siquiera hay para beber?"

Era la misma historia de siempre, la misma antigua queja. En cuanto las cosas empezaban a ir mal, anhelaban haber estado en Egipto y le echaban la culpa a Moisés de todas sus dificultades.

Y Moisés y Aarón, como tantas veces antes lo habían hecho, esta vez también se volvieron a Dios en busca de ayuda. Fueron a la puerta del tabernáculo y se inclinaron sobre su rostro. Cuando lo hicieron "apareció la gloria de Jehová". Ellos habían envejecido y puede ser que se sintieran fatigados; pero Dios era el mismo de siempre, todavía dispuesto a mostrarles la forma de resolver sus problemas.

"Reúne a la muchedumbre —le dijo a Moisés—, y en su presencia hablad a la roca. . ., de la roca sacarás agua".

De manera que Moisés y Aarón convocaron al pueblo para que se reuniera junto a la gran peña que dominaba el campamento. De pie junto a ella, Moisés exclamó: "¡Oíd, rebeldes! ¿Podremos *nosotros* hacer brotar agua de esta roca?"

Ahí fue donde Moisés cometió una gran equivocación. El se enojó, cosa que ningún dirigente debe hacer; y como resultado se olvidó de dar la gloria a Dios por el milagro, lo cual constituyó su segundo error. Luego cometió la tercera equivocación, que fue la peor de todas, cuando alzó "su brazo e hirió con el cayado la roca por dos veces".

El agua brotó de la roca y la gente regocijada, se agachó para beber; el ganado, abrasado por la sed, se apresuró a llegar a la corriente fresca y burbujeante; pero Moisés y Aarón que-

45

Impacientándose por la rebelión de los israelitas, Moisés hirió la roca dos veces, en lugar de hablarle, como se le había ordenado; no obstante Dios, en su misericordia, les envió agua.

daron a un lado, fuera de la escena, solos y cubiertos de igno-
minia.

"Porque no habéis creído en mí —les dijo Dios—, santi-
ficándome a los ojos de los hijos de Israel, no introduciréis
vosotros a este pueblo en la tierra que yo les he dado".

El corazón de los dos ancianos desfalleció. ¿No entrar
en Canaán? ¿Después de todo lo que habían hecho por Israel,
de todas las pruebas que habían soportado y de todo el larguí-
simo viaje que habían hecho? ¡Dios no querría decir eso!
¿Cómo era posible? ¿Qué habían hecho para merecer semejante castigo?

¿Qué habían hecho?

Por no haber obedecido a Dios *exactamente,* habían echado a perder algo muy hermoso. Habían arruinado la lección
más importante que él deseaba enseñar no sólo a Israel, sino
a los habitantes de todo el mundo.

La roca era un símbolo de Cristo. El Salvador iba a ser
herido una vez y nunca más. El iba a ser "ofrecido *una sola*
vez para tomar sobre sí los pecados de la muchedumbre"; no
muchas veces.

Moisés había herido la roca una vez: en Horeb. Eso estaba bien. Había recibido instrucción de que lo hiciera así.
Pero ahora la hirió de nuevo, de hecho, dos veces. Y Dios le
había ordenado que le *hablara,* no que la hiriera, así como los
pecadores pueden hablar a Cristo en cualquier lugar y en todo
momento de necesidad, y recibir en sus almas el agua de vida.

¡Pobres Moisés y Aarón! Quizás ellos no entendían todo
esto como lo entendemos ahora, pero Dios no los culpó por no
entenderlo, sino por no creer a su palabra y obedecerla.

HISTORIA 9

Una Despedida Triste

LA NOTICIA de que no se le permitiría entrar a Canaán era suficiente para hacer que Moisés abandonara todo allí mismo. Se sentía terriblemente chasqueado. ¿Quién no lo hubiera estado? Pero, ¿abandonar? ¡Nunca! Mientras se le concediera vida y salud, conduciría a Israel hacia la tierra prometida.

Olvidándose de sí mismo, comenzó a planear la próxima etapa del viaje. Había resuelto que el camino más fácil para entrar en Canaán era a través de la tierra de Edom, de manera que envió mensajeros al rey, solicitando permiso para que Israel pasara por su territorio.

Era un mensaje afectuoso y amigable, porque los edomitas, siendo descendientes de Esaú, eran también hijos de Abrahán. Después de relatarle al rey algunas de las dificultades por las cuales había pasado Israel, Moisés escribió: "Te rogamos, pues, que nos des paso libre por tu territorio. No atravesaremos tus sembrados ni tus viñas, ni beberemos el agua de tus pozos; iremos por el camino real, sin apartarnos, ni a

47

derecha ni a izquierda, hasta que salgamos de tu territorio".

Pero el rey de Edom se negó a darles permiso. "No pasarás —replicó—, o me opondré con las armas contra ti".

Esa era por cierto una respuesta egoísta, pero Moisés no permitió que eso lo enojara. En cambio, envió otra nota amable, asegurándole al rey que Israel se mantendría en el camino principal, y pagaría por el agua que necesitara para beber mientras pasara por su territorio.

Pero aun así el rey de Edom se rehusó a franquearles el paso, y no quedó más remedio que buscar otro camino para entrar en Canaán.

Marchando hacia el sureste para no entrar en la tierra de Edom, llegaron al monte Hor, y allí fue donde ocurrió algo muy triste. Mientras el pueblo acampaba en ese lugar, Dios le

UNA DESPEDIDA TRISTE

dijo a Moisés, que Aarón iba a morir, y que él quería que ambos subieran a la cima del monte, y llevaran con ellos a Eleazar, el hijo de Aarón.

Los tres hombres partieron, yendo Moisés a la cabeza, luego Aarón y por último Eleazar.

Debe haber sido una procesión muy triste la que ascendía lenta, muy lentamente hacia la cima de la montaña. Aarón tenía ahora 123 años y Moisés sólo tres años menos. Habían sido amigos durante mucho, muchísimo tiempo, y juntos habían compartido toda suerte de dificultades. Ahora debían separarse.

Supongo que en esa oportunidad se habrán detenido muchas veces por el camino con tal de poder conversar un poco más y de alargar lo más posible la última jornada que harían juntos.

Pero poco a poco, y paso a paso, se fueron acercando más y más a la cima. Mirando hacia abajo, contemplaron el campamento de Israel que se extendía en el valle que llegaba hasta el pie de la montaña. Quizás comentaron cuánto significaba para ellos ese pobre y querido pueblo, y cuánto habían procurado ayudarlo.

Unos pocos pasos más, y ya se encontraban, jadeantes, en la cima de la montaña. Entonces ocurrió algo muy conmovedor. Una a una, Moisés le fue quitando a Aarón las vestiduras sacerdotales y las fue colocando sobre Eleazar, mientras las lágrimas humedecían las mejillas de los tres.

Entonces llegó el momento de la dolorosa despedida.

—Adiós, hijo; Dios te bendiga.

—Adiós, padre.

Los dos hermanos se miraron en los ojos por última vez.

—¡Adiós! —se dijeron. Y mientras el brazo de su hermano lo rodeaba, Aarón exhaló su último aliento.

Allá, en el lejano campamento, la gente comenzó a preocuparse. ¿Por qué se demoraban tanto tiempo en la montaña?

De pronto vieron que por la ladera de la misma venían descendiendo sólo dos figuras. Aarón no formaba parte del grupo y su hijo usaba sus vestiduras.

Inmediatamente supusieron lo que había ocurrido, y la triste noticia se propagó por el campamento: "¡Aarón ha muerto!"

Aunque algunos no habían simpatizado con él y otros hasta se le habían opuesto, ahora todos sentían pesar por su partida e "hicieron duelo por él todas las familias de Israel por treinta días".

50

SEGUNDA PARTE

Historias de la conquista de Canaán

(Números 21:1 a Josué 24:33)

HISTORIA 1

La Serpiente en el Asta

U[N MES después de la muerte de Aarón, Moisés ordenó a los israelitas que levantaran el campamento y que se dirigieran nuevamente hacia la tierra prometida. El sabía que ya no faltaba mucho tiempo para llegar. Los cuarenta años de peregrinación por el desierto casi habían terminado.

Muchos israelitas, además de Moisés, habían estado contando esos años. Desde la gran rebelión de Coré, Datán y Abiram, miles de niños se habían transformado en hombres, y niñas en mujeres, en esa tierra ardiente, seca y desolada en la cual se habían visto obligados a vivir. Estos hombres y mujeres se habían casado y tenían sus propios hijos, esperando que los años pasaran y anhelando el día cuando se les permitiera entrar en Canaán.

¡Cuán lentamente habían transcurrido los años! Diez, veinte, treinta años..., cada uno marcado por un creciente número de funerales causados por la muerte de los ancianos que habían salido de Egipto. Debe haber parecido que los cuarenta años del desierto nunca iban a terminar.

LA SERPIENTE EN EL ASTA

Treinta y cinco, treinta y seis, treinta y siete, treinta y ocho. ¡Por fin estaban acercándose! ¡Sólo faltaban dos años! Pero entonces sufrieron una penosa decepción. Cuando la gran caravana se puso otra vez en movimiento, la gente notó que en lugar de dirigirse directamente hacia el norte estaban yendo hacia el sureste, "en dirección al Mar Rojo, rodeando la tierra de Edom".

¡Eso era demasiado! Ellos no querían volver a ver el Mar Rojo. Querían ir a Canaán por el camino más corto y más rápido que fuera posible. El pensamiento de tener que desandar lo hecho casi quebrantó su corazón. La Biblia dice que el pueblo se "desalentó" por causa del camino. Temían que a pesar de todas las dificultades que habían soportado no pudieran entrar en la tierra prometida.

Nuevamente manifestaron su descontento. El pueblo "murmuraba. . . contra Dios y contra Moisés" diciendo: "¿Por qué nos habéis sacado de Egipto a morir en este desierto? No hay pan ni agua, y estamos ya cansados de un tan ligero manjar como éste".

Por un tiempo pareció como que iba a producirse otra gran rebelión, pero de repente ocurrió algo que cambió toda la situación. Por todas partes en el desierto aparecieron serpientes venenosas. Miles y miles de ellas. Venían reptando y

entraban en las tiendas, en las camas, y en las provisiones de alimento. Andaban por todas partes. Era algo aterrador. Miles de personas eran mordidas y morían.

Muchos trataron de matar las serpientes, pero cuantas más mataban, más aparecían. El temor no les permitía comer ni dormir. Parecía que no había manera de librarse de ellas.

Por fin los israelitas acudieron a Moisés y le suplicaron que los ayudara. "Hemos pecado, murmurando contra Jehová y contra ti —dijeron—; pide a Jehová que aleje de nosotros las serpientes". Y "Moisés intercedió por el pueblo".

Fue entonces cuando el Señor instruyó a Moisés que hiciera una cosa muy extraña. No le explicó cómo librarse de las serpientes, sino cómo curar a las personas que habían sido mordidas por ellas.

"Hazte una serpiente de bronce —le dijo el Señor— y ponla sobre un asta; y cuantos mordidos la miren, sanarán". De manera que Moisés hizo "una serpiente de bronce, y la puso sobre un asta; y cuando alguno era mordido por una serpiente, miraba a la serpiente de bronce y se curaba".

Entonces ocurrió algo maravilloso. De todas partes del campamento se oían gritos de alegría provenientes de los que sólo poco antes estaban moribundos, pero que, al mirar a la serpiente de bronce, descubrían que estaban del todo curados.

Me imagino a una madre con su hijito en brazos. Está desesperada porque el niño se siente enfermo. El veneno lo está matando, y pronto va a morir. Ella procura que él mire la serpiente de bronce que está sobre el asta.

—¡Mira, querido, mira! —grita frenéticamente la madre.

—¿Qué quieres que mire? —pregunta débilmente el pobre niño.

—¡La serpiente, la serpiente de bronce! ¡Solamente mira, y vivirás!

El niño vuelve la cabeza con lentitud. En su rostro se dibuja una sonrisa. El dolor ha desaparecido, y en seguida se siente mejor.

Por todo el campamento se repetían escenas como ésa, mientras los hijos de Israel aprendían una lección que mucho necesitaban: El poder de la fe en la palabra de Dios. Porque, naturalmente, no era la serpiente de bronce lo que los sanaba. De ninguna manera. Una serpiente de bronce no podía ayudar a nadie, más de lo que podría hacerlo un elefante o una cabra

de bronce. Pero cuando ellos hicieron exactamente como Dios les indicó, y *miraron* a la serpiente, su fe les impartió poder en su vida, y fueron sanados de la mordedura mortal que habían recibido.

Los hijos de Israel guardaron esa serpiente de bronce durante muchísimo tiempo. Pero con el transcurso de los años se olvidaron de su verdadero significado, y la convirtieron en un ídolo. Hasta le quemaban incienso como si fuera un dios. Siglos más tarde, el buen rey Ezequías la destruyó llamándola "Nehustán", lo cual significaba "cosa de bronce". Y el nombre era acertado, porque sólo se trataba de un pedazo de bronce, un simple objeto de metal, que no podía ayudar ni sanar a nadie.

Siglos más tarde Jesús le dijo a Nicodemo: "A la manera que Moisés levantó la serpiente en el desierto, así es preciso que sea levantado el Hijo del Hombre, para que todo el que creyere en él tenga la vida eterna". Esta es una de las cosas más hermosas que Jesús dijera alguna vez. El fue "levantado" sobre la cruz del Calvario, y desde entonces miles de personas de todo el mundo lo han mirado con fe y han sido salvadas de la maldición del pecado, y de la muerte eterna que éste acarrea.

Su promesa todavía tiene valor. Es para ti y para mí. Es para cada niño y para cada niña de este mundo.

Hoy, si has sido mordido por "la antigua serpiente, llamada Diablo y Satanás", mira a Jesús. Piensa en su cruz. Recuerda su promesa de que *"todo"* el que cree en él no perecerá sino que tendrá "la vida eterna".

Y la vida de Dios fluirá en tu vida con todo su poder sanador, purificador y perdonador.

ILUSTRACION DE HARRY ANDERSON   © 1954, BY REVIEW AND HERALD

Todos los que miraban a la serpiente de bronce eran curados de la mordedura de las serpientes venenosas. Eso nos recuerda el poder de Jesús para salvarnos cuando acudimos a él por ayuda.

HISTORIA **2**

El Asno que Habló

DESDE el momento en que los hijos de Israel empezaron a confiar en la palabra de Dios, como lo hicieron cuando miraron a la serpiente que estaba sobre el asta, las cosas comenzaron a irles mejor.

Cuando llegaron al borde del desierto, la contemplación de la tierra fértil que se extendía ante ellos los alegró. Y aquí fue donde Moisés hizo algo diferente de todo cuanto había hecho hasta ese momento. ¡Les pidió a los príncipes de Israel que cavaran un pozo con sus bastones!

¿Has procurado alguna vez cavar un hueco en la arena con un palo? ¿Cuán hondo has llegado?

Todos se reunieron para observar cómo trabajaban los príncipes, y todos sonreían. ¡Imagínate la gracia que te haría ver a los ancianos de tu iglesia tratando de abrir un hueco con palos largos! Naturalmente, no consiguieron nada.

Y entonces, ¡maravilla de maravillas!, ¡el agua brotó de la misma arena que ellos habían estado procurando remover en vano! Así Dios les mostró una vez más que él tenía el po-

der y el deseo de proveer a sus necesidades, aun cuando ellos podían hacer muy poco por sí mismos.

Al ver el agua la gente comenzó a cantar, y su canto decía así: "¡Sube, pozo! ¡Cantadle!" Estaban felices ahora porque habían recibido una prueba adicional de que Dios los acompañaba. Y su fe les produjo felicidad, y su felicidad, sus primeras victorias.

Dirigiéndose hacia el norte, le pidieron a Sehón, rey de los amorreos, que les permitiera pasar por su territorio; pero él se rehusó a hacerlo. Aun cuando le prometieron no pasar por sus sembrados ni por sus viñedos, sino "por el camino real", Sehón salió, y los atacó con todos sus soldados. Se libró una gran batalla, e Israel resultó vencedor, arrollándolos y tomando todas sus ciudades desde el río Arnón hasta el río Jaboc.

Si te fijas en el mapa de la página 106, verás que el río Arnón desemboca en el Mar Muerto y el río Jaboc en el río Jordán; esto te dará una idea de cuánto tomaron los hijos de Israel de los amorreos, y cómo subieron por el este del Mar Muerto para conquistar Canaán.

Og, rey de Basán, fue el siguiente que atacó a Israel. Este monarca era un gigante, y su pueblo vivía en lugares fortificados de la montaña. Pero él también fue derrotado y despojado de todo su territorio.

Para entonces los gobernantes de otras ciudades comenzaron a temer a Israel. Uno de ellos fue Balac, rey de los moabitas. Estaba tan asustado, que le dijo a sus amigos los madianitas: "Esta multitud va a devorar nuestros confines, como devora un buey la hierba del campo".

Entonces se le ocurrió una brillante idea. Si no podía combatir a los hijos de Israel, quizás podría conseguir algún hechicero que los maldijera y de esa manera los debilitara para que a él le fuera posible expulsarlos de su territorio.

Pensó en un hombre llamado Balaam a quien se le atribuía esa capacidad. Pero Balaam vivía en Mesopotamia, a ochocientos kilómetros de distancia. ¿Valía la pena ir tan lejos? Balac creyó que sí. Su país se encontraba en grave peligro, y ésa parecía la única solución. De manera que envió mensajeros con una gran suma de dinero para persuadir a Balaam a que viniera.

"Mira —dijo—, ha salido de Egipto un pueblo que cubre la superficie de la tierra, y está ya cerca de mí. Ven, pues, y maldíceme a este pueblo, pues es más fuerte que yo".

Balaam escuchó lo que los mensajeros tenían que decirle, pero rehusó acompañarlos. Cuando Balac vio que Balaam no había venido con sus mensajeros, se enojó. Entonces escogió algunos de los hombres más importantes de su país, y volvió a enviarlos a Balaam con más dinero que antes, y con promesas de grandes honores si tan sólo venía y maldecía a Israel. Esta vez Balaam decidió ir. Después de enalbardar su asna, "se fue con los príncipes de Moab".

No solamente fue una jornada larga en un clima muy caluroso, sino que, sin que él lo supiera, se había enviado un ángel del cielo para que le impidiera ir a maldecir a Israel.

EL ASNO QUE HABLO

En cuanto al asna que montaba, Balaam nunca soñó que aquélla pudiera ver ángeles y hablar. La primera vez que Balaam se dio cuenta de que algo andaba mal fue cuando el asna salió del camino y entró en un campo. Eso lo fastidió mucho, porque lo hacía aparecer como un tonto a la vista de sus dos siervos y de los príncipes de Moab. Naturalmente, él no sabía que el asna había visto a un ángel con su espada desenvainada en la mano, de manera que castigó al pobre animal y lo obligó a volver al sendero.

Un poco más adelante el asna volvió a empacarse. Andaban por un camino angosto a través de un viñedo. Había un cerco a cada lado, y de repente el asna se asustó de algo, y le aplastó el pie a Balaam contra la pared. Este se enojó otra vez y golpeó cruelmente al asna.

Poco a poco llegaron a un lugar muy angosto, quizás al borde de un precipicio, "donde ni a derecha ni a izquierda podía desviarse". Allí el asna vio al ángel otra vez y cayó al suelo bajo Balaam. Esto lo puso más furioso y golpeó al asna con un palo.

Entonces, para su asombro, oyó una voz que nadie ha oído jamás antes ni ha vuelto a oír después. ¡El asna estaba hablando! Naturalmente no hablaba en castellano, pero quizás hablaba en hebreo o en arameo. Nadie sabe cómo habrá sonado su voz. Pero me hubiera gustado escucharla, ¿y a ti?

—¿Qué te he hecho yo —preguntó el asna— para que por tres veces me hayas fustigado?

—¿Por qué te burlas de mí? —dijo Balaam furioso porque ella se había portado tan mal delante de gente tan importante—. Si tuviera a mano una espada, ahora mismo te mataría.

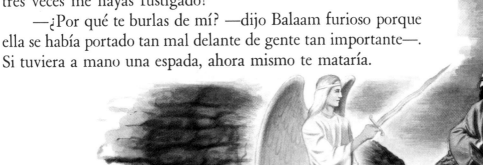

—¿No soy tu asna? —dijo el pobre animalito—. Tú me has montado desde que soy tuya hasta hoy. ¿Te he hecho yo nunca cosa semejante?

—No —admitió Balaam de mala gana.

"Entonces abrió Jehová los ojos a Balaam" y éste vio lo que el asna había visto durante todo ese tiempo: el "ángel de Jehová, que estaba en el camino con la espada desenvainada en la mano".

Instantáneamente Balaam se postró, echándose sobre su rostro. ¿Y qué supones que fue lo primero que le dijo el ángel? Habló de la pobre asna, revelando cómo Dios cuida de los animales.

—¿Por qué por tres veces has fustigado a tu asna? —le dijo—. Es que he salido yo para cerrarte el camino, porque es malo ante mí el que llevas. El asna me ha visto y ha querido apartarse luego de delante de mí las tres veces; si ella no me hubiera esquivado, te hubiera matado a ti, dejándola a ella viva.

—He pecado —dijo Balaam, ofreciendo volverse a su casa de inmediato.

Pero el ángel le dijo:

—Ve con esos hombres, pero di solamente lo que te diga yo.

De manera que Balaam continuó su camino, con los príncipes de Moab.

Regocijado por su llegada, el rey Balac llevó a Balaam a la cima de una montaña desde donde ambos podían contemplar el campamento de Israel.

—Ahora maldícemelos —le dijo el rey.

Sin embargo Balaam no pudo hacerlo. En cambio los bendijo. Disgustado, Balac, lo llevó a otro lugar, luego a otro, pero fue inútil.

Balaam no pudo proferir una sola maldición.

Sólo pronunció lo que el ángel le indicó, y eran todas bendiciones.

"El que te bendiga será bendecido —dijo—; el que te maldiga, maldito será".

Como puedes imaginarte, eso enfureció mucho al rey Balac.

—Te he llamado para maldecir a mis enemigos —gritó pensando en todo el dinero que le había pagado a Balaam, y en todos los príncipes que había enviado para conseguirlo—, y tú los has colmado de bendiciones, ya por tres veces... Ahora huye pronto a tu tierra.

Y Balaam huyó, tan rápido como su asna lo pudo llevar. ¿Qué le habrá dicho el asna en el camino de regreso? ¡Cómo quisiéramos todos saberlo!

HISTORIA **3**

Cinco Niñas Hacen Historia

ISRAEL estaba ahora acampado al este del río Jordán, al lado opuesto de la ciudad de Jericó. Debido a que casi había llegado el momento de entrar en Canaán, y siendo que para la invasión se necesitarían todos los hombres robustos, Dios le dijo a Moisés que censara al pueblo y determinara cuántos había.

Cuarenta años antes, el número de los hombres de veinte años para arriba era de 603.550. Ahora, alcanzaba a 601.730. Eso da una idea del enorme número de muertes que ocurrieron en el desierto. Porque todos los 603.550, con excepción de dos, Caleb y Josué, murieron. Si añadimos a ese número de hombres el de sus esposas, y el de algunos niños que también murieron, nos da un total de más de 1.200.000, y eso representa mucha gente para enterrar en tan poco tiempo.

Mientras los que hacían el censo estaban contando a los hombres de la tribu de Manasés, llegaron hasta Zelofehad, y se detuvieron. Porque Zelofehad (un tátara tataranieto de José) había muerto, y no había tenido hijos, sino solamente hijas.

CINCO NIÑAS HACEN HISTORIA

Pues bien, esas niñas, sólo por ser niñas, no fueron tomadas en cuenta para nada, como si no tuvieran ninguna importancia. ¡Y eso a ellas no les gustó en lo más mínimo! ¡Y, como es de imaginar, se hicieron oír! Debe haber ocurrido algo muy notable en relación con esas cinco niñas, porque en la Biblia se las menciona varias veces por nombre. Quizás sería bueno que aprendieras sus nombres para no olvidarte de ellas. Se llamaban Maala, Noa, Hogla, Milca y Tirsa. No creo que escogería alguno de esos nombres para una de mis hijas, pero indudablemente en ese tiempo esos nombres eran considerados muy bonitos. Sea como fuere, las cinco niñas hicieron historia.

En primer lugar, pidieron una entrevista con Moisés. El accedió a recibirlas y escuchar su pedido. Se dirigieron, pues, al tabernáculo para cumplir con su cita, y... ¡qué sorpresa! Cuando llegaron allí descubrieron que no solamente estaba Moisés esperándolas, sino también Eleazar, el nuevo sumo sacerdote, y todos los príncipes de la congregación, y casi toda la demás gente del campamento.

Con todo denuedo las cinco niñas pasaron por entre la enorme multitud y se dirigieron a la puerta del tabernáculo. ¡Qué valientes eran! Nunca antes las niñas se habían atrevido a hacer algo semejante.

Yo no sé exactamente quién tomó la palabra. Quizás fue Maala, la mayor; pero pudo haber sido Noa, u Hogla, o Milca o Tirsa. Una cosa es segura, y es que no trataron de hablar todas al mismo tiempo como habrían hecho algunas de las ni-

ñas que conozco si hubieran estado allí. Eran demasiado cuerdas para hacer semejante cosa.

Una de ellas dijo: "Nuestro padre ha muerto en el desierto, y no era de la tropa de los que se confabularon contra Jehová, de la tropa de Coré; pero ha muerto por su pecado y no ha dejado hijos. ¿Por qué va a ser el nombre de nuestro padre borrado de en medio de su familia por no haber dejado hijos? Danos una heredad entre los hermanos de nuestro padre".

Moisés escuchó pacientemente. Le pareció que el pedido de las niñas era justo. Pero antes de seguir, dijo que consultaría a Dios al respecto.

Así lo hizo, y el Señor contestó muy pronto. "Las hijas de Zelofehad tienen razón —le dijo a Moisés—. Dales en heredad una propiedad entre los hermanos de su padre, y que pase a ellas la heredad de su padre". Y añadió: "Habla a los hijos de Israel y diles: Si uno muere sin dejar hijos, haréis pasar su heredad a su hija".

Así fue como estas cinco niñas hicieron historia. Poniéndose de parte de lo que creían que era justo, se transformaron en una bendición para todas las niñas a través de los siglos desde entonces hasta ahora. Porque la ley de herencia dada por Dios en aquella ocasión es muy similar a la que se emplea actualmente en todos los países civilizados.

Te alegrarás de saber que las cinco se casaron. La Biblia lo dice. "Maala, Tirsa, Hogla, Milca y Noa, hijas de Zelofehad, se casaron con hijos de sus tíos".

Parece que la historia debiera terminar diciendo: "Y vivieron felices para siempre". Por supuesto que no iban a vivir para siempre, pero estoy seguro de que vivieron durante muchos años.

66

HISTORIA 4

Viaje Solitario

"QUERIDO Señor, permíteme ir y ver la tierra de Canaán", oraba Moisés vez tras vez. ¡Y no era para menos! Durante ochenta años había soñado con la tierra prometida. En los días oscuros de Egipto y durante los años de su peregrinación por el desierto, esa tierra nunca se había apartado de sus pensamientos. Cuando los israelitas se desanimaban, procuraba alentarlos hablándoles de todas las cosas buenas que disfrutarían en la tierra prometida.

Ahora había llegado hasta el Jordán. A través del río podía contemplar la ciudad de Jericó y más allá, las montañas. ¡Se hallaba tan cerca, y sin embargo, tan lejos!

Nuevamente le suplicó al Señor:

—Déjame, te pido, atravesar, para que pueda ver la excelente tierra del lado de allá del Jordán, esas hermosas montañas y el Líbano.

Pero de nuevo Dios se lo negó.

—Basta, no vuelvas a hablarme de eso —le dijo.

Esto debe haberle resultado a Moisés algo muy difícil de aceptar. ¡Y todo por culpa de aquel pecado cometido cuando desobedeció al Señor e hirió la roca por segunda vez! Pero esa aparente severidad divina no era sino una bondad disfrazada. Porque Moisés tenía ahora 120 años y el Señor sabía que sus fuerzas no le permitirían llevar la pesada carga de la conducción de Israel a través de los días de lucha que aguardaban al pueblo. Era mejor que manos más jóvenes se encargaran de llevar a cabo esa nueva empresa.

"Sube a la cima del monte Pisga —le indicó el Señor— y dirige tus ojos hacia el occidente, el septentrión, el mediodía y el oriente, y contémplala con tus ojos, pues no has de pasar este Jordán. Manda a Josué, infúndele valor y fortaleza, pues él es quien lo pasará a la cabeza de este pueblo y le pondrá en posesión de la tierra que tú no puedes más que ver".

Con esto Moisés se dio cuenta de que su fin se acercaba. Había llegado el momento en que Israel cruzaría el Jordán, y él debía ser dejado atrás. Ellos continuarían, y él quedaría allí. Josué sería quien los guiaría; no él.

De manera que convocó al pueblo por última vez. Los israelitas se reunieron a su alrededor, como tantas veces antes lo habían hecho.

De pie, delante de la gran congregación, Moisés se dirigió a ella con una voz tan potente y clara como siempre, porque aun cuando era anciano, "ni se habían debilitado sus ojos ni se había mustiado su vigor". Hora tras hora estuvo allí, relatando de nuevo la historia de las bendiciones que Dios les había otorgado durante los cuarenta años transcurridos desde la gran liberación de Egipto.

La mayoría de los adultos que lo escuchaban no conocían

68

Egipto. Muchos de ellos eran sólo niños o bebés de brazos cuando cruzaron el Mar Rojo. Muchos sólo tenían un pálido recuerdo de la ocasión en que se promulgó la ley en el monte Sinaí. En cuanto a los niños, no sabían nada de esas cosas, excepto por lo que sus padres les habían contado.

De manera que Moisés comenzó desde el principio y contó otra vez la maravillosa historia, recordándoles la manera como Dios les había enviado alimento y agua y los había protegido. "Por todo el camino que habéis recorrido —dijo—, te ha llevado Jehová, tu Dios, como lleva un hombre a su hijo".

Todos entendían eso, y especialmente los niños pequeños. Se acordaban que cuando estaban cansados, sus padres los levantaban y los llevaban sobre sus hombros.

Dios había sido como un padre para ellos, ayudándolos siempre que se encontraban en dificultad, y ¿por qué? Porque él quería que dieran un buen ejemplo a todos los habitantes del mundo. Les dio los Diez Mandamientos para que pudieran ver la diferencia entre lo bueno y lo malo. Les ordenó que construyeran un santuario, para que supieran que Dios espe-

69

raba que ellos fueran gente pura y santa. "Porque eres un pueblo santo para Jehová, tu Dios —dijo Moisés—. Jehová, tu Dios, te ha elegido para ser el pueblo de su porción entre todos los pueblos que hay sobre la faz de la tierra".

Entonces, para que no tuvieran ninguna idea errónea, añadió: "Si Jehová se ha ligado con vosotros y os ha elegido, no es por ser vosotros los más en número entre todos los pueblos, pues sois el más pequeño de todos. Porque Jehová os amó, y porque ha querido cumplir el juramento que hizo a vuestros padres, os ha sacado de Egipto Jehová con mano poderosa... de la mano de Faraón, rey de Egipto".

Debido a que Dios los amaba tanto no había nada que no estuviera dispuesto a hacer por ellos con tal que le fueran fieles.

"Si de verdad escuchas la voz de Jehová, tu Dios, guardando diligentemente todos sus mandamientos —dijo—, vendrán sobre ti y te alcanzarán todas estas bendiciones".

Los seguirían toda suerte de bendiciones, los alcanzarían, y los sorprenderían.

Serían bendecidos en sus ciudades y en sus campos, en el hogar y fuera de él, en todas partes y en todas las cosas. "Jehová te abrirá sus tesoros..., pondráte Jehová a la cabeza y no a la cola".

De manera que Moisés trató de explicarles cuánto bien recibirían si se mantenían cerca de Dios y se acordaban de obedecer sus mandamientos. Pero les advirtió también de lo que ocurriría si se apartaban de Dios y se olvidaban de él. En lugar de ser benditos, serían malditos. Tendrían que sufrir la enfermedad y las dificultades de toda suerte. En lugar de disfrutar de la tierra prometida, serían esparcidos entre todos los pueblos.

"Si no cuidas de poner por obra todas las palabras de esta ley, escritas en este libro —dijo—, temiendo este glorioso y terrible nombre, el de Jehová, tu Dios, hará Jehová portentosos tus azotes". "Y te dispersará Jehová por entre todos los pueblos del uno al otro cabo de la tierra".

Terminando su discurso, dijo:

"Mira: hoy pongo ante ti la vida con el bien, la muerte con el mal". "Escoge la vida".

Entonces Moisés llamó a Josué ante él, y "ante todo Israel" le transfirió su cargo de líder. Con todo valor, aunque quizás con lágrimas en los ojos, le dijo: "Esfuérzate y ten ánimo, porque tú has de entrar con este pueblo en la tierra que a sus padres juró Jehová darles... Y Jehová marchará delante de ti, estará contigo y no te dejará ni te abandonará; por esto no has de temer ni acobardarte".

Entonces Moisés y Josué fueron juntos a la entrada del tabernáculo, y "aparecióse Jehová en el tabernáculo, en la columna de nube". Así el pueblo tuvo la seguridad que la elección de Josué por Moisés para que aquél fuera su nuevo líder, era también la elección que Dios había hecho.

VIAJE SOLITARIO

Termina la reunión. La gente se encamina de nuevo a sus tiendas. Algunos están llorando; otros hacen comentarios acerca de Josué y de la clase de líder que será; los niños juegan por allí como si no hubiera ocurrido nada importante.

Sobre el campamento reina un profundo silencio.

Todos entran en sus tiendas para pasar la noche...

Todos, salvo uno.

Envuelta en la decreciente claridad del atardecer se mueve la figura de un anciano solitario.

Su obra está terminada.

Su último mandato ha sido dado.

Ha pronunciado su último adiós.

Ahora asciende al monte Nebo, "a la cima del Pisga" para encontrarse con Aquel a quien ha servido tan fielmente y durante tanto tiempo.

No está Aarón para acompañarlo, ni Eleazar, ni Josué. En su última y penosa jornada, marcha solo. Al amanecer contempla el campamento del pueblo que tanto ha amado. Entonces sus ojos se tienden a través del valle del Jordán, hacia el oeste, hacia el norte, hacia el sur. ¡Esa es! ¡La hermosa tierra! ¡La tierra buena! Por un momento todo se presenta ante él en un glorioso panorama.

¡Qué maravilloso! ¡Bien valía la pena toda la lucha, la fatiga, la espera!

Esa visión gloriosa es lo último que contempla sobre la tierra. Luego los viejos ojos se cierran. Se duerme en los brazos de Dios.

Así "Moisés, el siervo de Dios, murió allí en la tierra de Moab... Y él lo enterró".

73

Desde la cima del monte Pisga, Moisés contempló los feraces valles y las verdes planicies de la tierra prometida que Israel iba a poseer muy pronto, después de su larga peregrinación.

HISTORIA 5

El Cordón Escarlata

JOSUE esperó en el campamento, preguntándose cuándo volvería Moisés. Pero él no regresó. Sencillamente había desaparecido.

Entonces el Señor mismo dio las tristes nuevas: "Moisés, mi siervo, ha muerto". Y "los hijos de Israel lloraron a Moisés... durante treinta días". Todos se afligieron al pensar que el gran anciano no estaría más con ellos. Durante un tiempo se produjo un sentimiento de vacío y soledad en todo corazón.

No obstante, no podían lamentarse para siempre. Había trabajo que hacer. Debían prepararse para la gran invasión. A Josué, Dios le dijo: "Alzate ya, pues, y pasa ese Jordán... Yo seré contigo como fui con Moisés; no te dejaré ni te abandonaré. Esfuérzate y ten ánimo".

Josué necesitaba valor en ese momento. Toda la carga de la dirección acababa de caer sobre él. La tarea de planear para el futuro era ahora suya, y sólo suya. Ya no podía acudir más a Moisés en busca de consejo. De ahora en adelante él debía hacer todas las decisiones por sí mismo.

Bien puede haberse sentido un poco preocupado al pensar en todo lo que tenía que hacer, y esa puede haber sido la razón por la cual Dios le dijo vez tras vez: "Esfuérzate, pues, y ten valor".

Lo primero que hizo por sí mismo fue enviar dos hombres al otro lado del Jordán para reconocer las defensas de Jericó y averiguar cualquier cosa que pudiera resultar de utilidad al planear el ataque.

Esos dos espías cruzaron el río perfectamente y, mezclándose con la multitud, se las arreglaron para entrar en la ciudad sin ningún inconveniente. Entonces, trepándose a lo más alto de la muralla, encontraron allí algunas casas y decidieron alquilar una habitación para pasar la noche; y ésta pertenecía a una mujer llamada Rahab.

Pensando que no corrían peligro, hablaron con Rahab y descubrieron muchas cosas de interés. Pero de repente oyeron el sonido de tropas que caminaban abajo. "¡Los soldados! —gritó Rahab—. ¡Corran a la terraza!"

Los dos espías huyeron escaleras arriba tan rápidamente como pudieron, y tras de ellos fue Rahab. En la terraza había haces de lino, los cuales Rahab apiló sobre ellos. Entonces se apresuró a bajar para atender la puerta, donde los soldados estaban llamando con bastante energía.

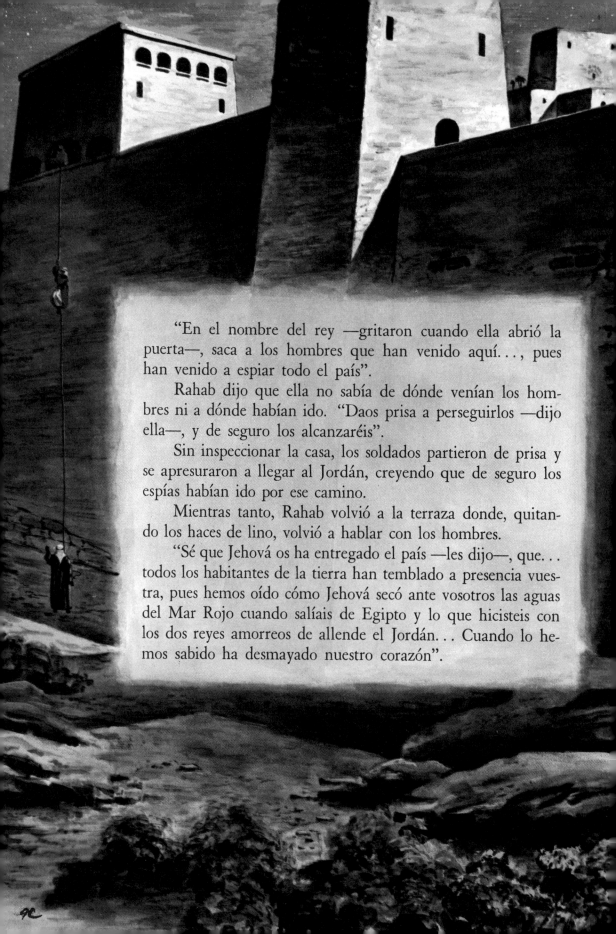

"En el nombre del rey —gritaron cuando ella abrió la puerta—, saca a los hombres que han venido aquí..., pues han venido a espiar todo el país".

Rahab dijo que ella no sabía de dónde venían los hombres ni a dónde habían ido. "Daos prisa a perseguirlos —dijo ella—, y de seguro los alcanzaréis".

Sin inspeccionar la casa, los soldados partieron de prisa y se apresuraron a llegar al Jordán, creyendo que de seguro los espías habían ido por ese camino.

Mientras tanto, Rahab volvió a la terraza donde, quitando los haces de lino, volvió a hablar con los hombres.

"Sé que Jehová os ha entregado el país —les dijo—, que... todos los habitantes de la tierra han temblado a presencia vuestra, pues hemos oído cómo Jehová secó ante vosotros las aguas del Mar Rojo cuando salíais de Egipto y lo que hicisteis con los dos reyes amorreos de allende el Jordán... Cuando lo hemos sabido ha desmayado nuestro corazón".

EL CORDON ESCARLATA

Rahab estaba segura de que los hijos de Israel tendrían el mismo éxito cuando cruzaran el Jordán, porque dijo: "Vuestro Dios, es Dios arriba, en los cielos, y abajo, sobre la tierra". De manera que procuró hacer un trato con los espías. Ella los ayudaría a escapar si ellos en cambio le prometían que cuando Israel capturara a Jericó ella y todos sus parientes serían perdonados. Ellos concordaron en hacerlo.

De manera que al amparo de la oscuridad de la noche Rahab dejó que los hombres, ayudados por una cuerda fuerte, se deslizaran por la parte exterior del muro. Cuando éstos estuvieron listos para escaparse en la oscuridad, le susurraron en voz tan alta como se atrevieron: "Ata este cordón de hilo de púrpura a la ventana". Eso era para que los soldados de Israel supieran cuál casa debían perdonar.

Tan pronto como los espías se hubieron ido, Rahab tomó el cordón escarlata y lo ató en la ventana de su casa. Y allí quedó durante muchos días. Cada vez que Rahab lo miraba se decía: "Eso me salvará". Estaba tan segura de ello, que persuadió a su padre, a su madre y a todos sus hermanos y hermanas a que vinieran a su casa y permanecieran en ella.

Sus familiares creyeron su historia. ¡Y cuán felices se sintieron después! Porque cuando la ciudad cayó en manos de los israelitas, todos los que estaban en esa casa se salvaron.

Eso fue lo mismo que cuando los israelitas asperjaron la sangre del cordero en los dinteles de sus casas en Egipto, cuando pasó el ángel de la muerte. Todas las casas que tenían la sangre fueron pasadas por alto. Así ocurrirá en el futuro. Todo corazón que tenga la sangre de Cristo en su dintel, o el cordón escarlata de su amor en la ventana, será perdonado en el día del juicio.

77

Los dos soldados que Josué envió como espías a Jericó se refugiaron en la casa de Rahab. Esta, amparada por la oscuridad, con la ayuda de una cuerda, los hizo descender por una ventana.

HISTORIA **6**

El Cruce del Jordán

LOS dos espías se escondieron en las montañas occidentales de Jericó durante tres días. Entonces regresaron al campamento de Israel después de cruzar el Jordán.

Josué los estaba esperando. "Toda la gente está atemorizada de nosotros", le dijeron, repitiendo lo que Rahab había dicho.

Llamando a sus oficiales, Josué les relató lo que los espías habían averiguado y les aseguró que había llegado el momento de atacar. Entonces les ordenó que fueran por el campamento, y que dijeran a todos que prepararan alimento y que estuvieran listos para marchar, porque "dentro de tres días pasaréis ese Jordán".

Puedes imaginarte la excitación que se produjo cuando el pueblo oyó las noticias. ¡Por fin había llegado el gran momento que habían esperado durante tanto tiempo! Sólo tres días más y estarían en Canaán. El sábado siguiente lo iban a pasar en la tierra que fluía leche y miel. Parecía demasiado bueno para ser cierto.

EL CRUCE DEL JORDAN

Había sólo un problema: el Jordán. Como estaba crecido, tenía más de un kilómetro de ancho, incluyendo la marisma de cada lado. ¿Cómo planeaba Josué cruzar a un millón de personas? ¿Iba a construir un puente, o botes... o qué?

Los tres días transcurrieron rápidamente. Todos se sentían felices. Con toda diligencia se prepararon alimentos, se doblaron las tiendas, se empaquetó la ropa de cama, se cargaron los carros... Pero todavía no había señales de que se hubiera iniciado ningún trabajo para construir un puente o botes.

Se anunció ahora por el campamento que todos debían observar a los levitas cuya actuación serviría como señal de partida. "Cuando veáis el arca de la alianza de Jehová, vuestro Dios, llevada por los sacerdotes, hijos de Leví —dijo Josué—, partiréis de este lugar donde estáis acampados y os pondréis en marcha tras ella".

Todos los ojos se volvieron hacia el centro del campamento, donde había estado el tabernáculo durante las últimas semanas. Ya no estaba más allí. Se había desmontado el armazón de madera recubierta de oro, se habían doblado con cui-

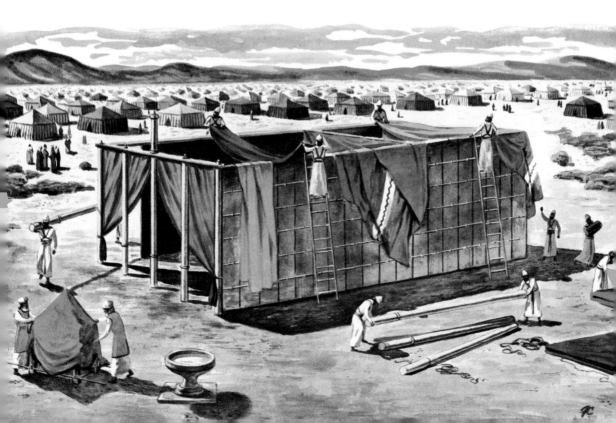

dado las hermosas cortinas, y se habían cubierto reverentemente los muebles. A su alrededor había grupos de levitas que esperaban una orden de Josué para marchar con su preciosa carga.

Pero todavía estaba allí el Jordán, ancho, torrentoso y profundo. ¿Cómo iba a resolver Josué ese problema? Entonces el día anterior al de la partida le dijo al pueblo: "Santificaos, porque mañana Jehová hará prodigios en medio de vosotros".

¡Ahora se produjo una conmoción mayor! El Señor había obrado maravillas por ellos antes. ¿Qué iba a hacer ahora?

Esa última noche fue una noche de oración. Padres y madres, niños y niñas, se entregaron de nuevo a Dios y le pidieron perdón por sus pecados. Querían estar listos cuando él se acercara.

Temprano a la mañana siguiente Josué congregó al pueblo y le dijo: "Acercaos y oíd las palabras de Jehová, vuestro Dios ... En esto vais a conocer que el Dios vivo está en medio de vosotros... El arca de la alianza del dueño de toda la tierra va a entrar delante de vosotros en el Jordán... Y cuando los sacerdotes que llevan el arca de la alianza del dueño de toda la tierra pongan la planta de sus pies en las aguas del Jordán, las aguas del Jordán se partirán, y las que bajan de arriba se pararán en montón".

EL CRUCE DEL JORDAN

La emoción dominó a los que esperaban. "¿Vamos a cruzar el Jordán en seco como nuestros padres cruzaron el Mar Rojo?", comentaban entre sí.

Ahora los sacerdotes que llevan el arca están descendiendo hacia el río. Todos quedan en suspenso. Miles de niños y niñas se ponen de puntillas, pues quieren ver qué es lo que va a suceder.

Los sacerdotes se van acercando más y más a la orilla del río. Este todavía sigue corriendo majestuosamente. Se acercan cada vez más... ¿Y si no ocurre nada? ¿Seguirán caminando y entrarán al agua? ¿O les dirá Josué que se dentengan?

Se siguen acercando cada vez más, cada vez más. Faltan sólo unos pocos pasos para llegar. Cinco, cuatro, tres, dos, uno. ¡Mira! ¡Sus pies ya tocan el agua!

De repente ocurre algo. Nadie sabe qué. Pero el hecho es que el agua se ha retirado diez pies. Veinte pies. Treinta

pies. Cien pies. Ahora parece que se ha abierto un camino seco a través de todo el río. A la derecha y a la izquierda no queda vestigio alguno de agua. De alguna manera, en algún punto, milagrosamente, se ha contenido el río y ha cesado de fluir.

Los sacerdotes avanzan. A la orden de Josué se detienen en medio del lecho del río, en el lugar más peligroso en el caso de que el agua volviera a fluir. Al verlos en ese lugar, el pueblo se anima y comienza a cruzar. Formando escuadrones de miles y de diez miles, los israelitas se apresuran a pasar al otro lado, llevando consigo sus carros y su ganado tan rápidamente como les es posible.

¡Es un espectáculo estupendo!

Los habitantes de Jericó, que están observándolo desde la muralla, enmudecen de temor. Nunca habían visto algo semejante. Y en verdad, nadie lo ha visto.

Hora tras hora continúan los israelitas la travesía hasta que el último hombre, la última mujer, el último muchachito y la última niñita se encuentran a salvo en la otra orilla.

Ahora Josué envía a decir a los sacerdotes que sostienen el arca en medio del lecho del río: "Salid del Jordán".

Estos salen, ¡y están muy contentos de hacerlo! Apenas llegan a la orilla cuando, en alguna parte, a la distancia, las aguas reprimidas vuelven a fluir, cubriendo por completo precisamente el lugar donde ellos habían estado.

Todos miran el agua asombrados. Cuesta creerlo. ¡El río sigue fluyendo como antes! ¡Pero un millón de personas lo ha cruzado sin valerse de un puente ni de un bote! ¡Ese era el prodigio que Dios había prometido obrar!

Para asegurarse de que el pueblo no iba a olvidarse jamás

de ese milagro portentoso, antes de que los sacerdotes abandonaran su lugar, Josué pidió a doce hombres, uno de cada tribu, que trajeran doce piedras grandes del medio del Jordán. Entonces las apiló en un gran montón, formando así un monumento conmemorativo del gran evento. "Cuando un día os pregunten vuestros hijos: ¿Qué significan esas piedras? —dijo—, instruid a vuestros hijos, diciendo: Israel pasó este Jordán a pie enjuto; porque Jehová, vuestro Dios, secó delante de vosotros las aguas del Jordán... para que todos los pueblos de la tierra sepan que es poderosa la mano de Jehová y vosotros conservéis siempre el temor de Jehová, vuestro Dios".

Aunque es triste decirlo, el montón de piedras desapareció con los años, y lo mismo ocurrió con el recuerdo de lo que Dios había hecho.

HISTORIA 7

Aparece el Capitán

CON toda felicidad los hijos de Israel levantaron sus tiendas al otro lado del Jordán, experimentando un gozo que nunca antes habían conocido. ¡Al fin estaban en Canaán! ¡Sus pies pisaban la tierra prometida!

Con profunda gratitud a Dios observaron la Pascua, que les recordaba la liberación de Egipto, ocurrida hacía cuarenta y tantos años. De algún modo esto parecía cuadrar maravillosamente con la forma en que Dios acababa de conducirlos a través del Jordán.

A la mañana siguiente comieron alimentos que encontraron en Canaán, y a la mañana siguiente a ésa ya no hubo más maná. La Biblia lo dice: "El día siguiente de comer los frutos de la tierra, no tuvieron ya el maná". Sin duda algunos, como era su costumbre, salieron para juntar maná para el desayuno, pero no encontraron nada. Nunca más volvieron a ver el maná. Esa era otra señal de que ahora comenzaba para ellos una nueva vida.

Cierto día, quizás a la hora en que las sombras de la tar-

85

Antes de intentar la captura de Jericó, Josué se fue al campo, solo, para orar. No sabía que iba a encontrarse con el Capitán de la hueste del Señor, que había descendido para ayudarlo.

de caían sobre el valle del Jordán y el silencio se producía gradualmente sobre el campamento de Israel, Josué se apartó solo para orar. Estaba preocupado. El, mejor que nadie, conocía las dificultades que lo esperaban. No muy lejos estaba Jericó, tan cerca que podía ver los soldados sobre las murallas. Se preguntaba cómo esa ciudad, tan fortificada y bien defendida, podía ser tomada por un pueblo que conocía tan poco de las artes de la guerra. Más allá había un centenar de otras ciudades semejantes, llenas de gentes bárbaras y crueles que lucharían hasta la muerte para impedir que Israel los conquistara.

Luego estaban esas montañas cuya silueta se perfilaba a la luz del crepúsculo, altas y empinadas, que les cortaban el paso al mar. ¿Cómo las cruzaría con un millón de personas?

Josué expresó delante de Dios su sentimiento de impotencia, y suplicó que se le concediera sabiduría para saber qué hacer. De repente, cuando levantó la cabeza, vio a alguien que estaba parado a su lado, con una espada desnuda en su mano. Indudablemente Josué al ir al encuentro del desconocido, empuñó su propia espada.

—¿Amigo o enemigo? —preguntó, como lo haría cualquier soldado—. ¿Eres de los nuestros o de los enemigos?

—No —dijo el desconocido—; soy "príncipe del ejército de Jehová".

"¡Príncipe del ejército!", pensó Josué. ¿No era *él* el capitán? Entonces se dio cuenta. Este debía ser el Señor mismo, el verdadero Capitán de Israel. Y había venido para concederle la ayuda, la sabiduría, el valor, por los cuales había orado. "Entonces Josué se prosternó rostro a tierra, y adorando, dijo: ¿Qué es lo que manda mi Señor a su siervo?"

El Señor tenía mucho que decirle, pero en primer lugar

86

le recordó que fuera reverente en la presencia de Dios. Así como le había dicho a Moisés ante la zarza ardiendo, de la misma manera le dijo ahora a Josué que se quitara los zapatos porque el lugar donde estaba era tierra santa. "Hízolo así Josué".

Entonces el Señor le explicó lo que él más deseaba saber: Cómo capturar a Jericó. Israel no tendría que pelear en absoluto, sino caminar rodeando varias veces la ciudad. Entonces todos debían gritar fuerte, y las murallas caerían. Así de fácil sería la captura, si tan sólo ellos seguían el plan de Dios.

¡Cuán sencillo le parecía ahora el problema a Josué! Ya no necesitaba seguir preocupándose más. El Capitán de la hueste estaba al frente, y la victoria era segura.

De la misma manera, si permitimos que el Señor se encargue completamente de nuestra vida, todos nuestros problemas se simplificarán.

HISTORIA **8**

Un Grito Demolió la Ciudad

LOS vigías que montaban guardia sobre las murallas de Jericó estaban perplejos. Desde que habían presenciado el paso de los hijos de Israel por el lecho seco del río, habían esperado un ataque. Pero no se habia producido ninguno.

Las puertas de la ciudad se hallaban cerradas. Todos los hombres robustos estaban completamente armados, listos para actuar en cualquier momento. Los arqueros se encontraban apostados en las murallas almenadas para disparar contra cualquier atacante. Pero no se presentaba ninguno.

Los espías informaron que los israelitas estaban realizando ciertas ceremonias religiosas, pero que no poseían ni estaban fabricando ninguna gran máquina de guerra para habérselas con ciudades fortificadas. Todo era muy extraño. ¿Estaban planeando quedarse allí quietos para morir de hambre?

Entonces cierto día observaron que se estaba formando una procesión fuera del campamento de Israel. "¡Ahí vienen!", se dijeron, mientras enviaban soldados a los puestos de batalla. Pero el ataque no se produjo.

En lugar de eso vieron a miles de hombres armados —sin duda de cinco en fondo, como habían salido de Egipto— que comenzaban a marchar no *hacia* la ciudad, sino *alrededor* de ella. Siguiéndolos iba un grupo de sacerdotes que llevaban el mismo objeto extraño que habían visto en el medio del Jordán cuando los israelitas lo habían cruzado. Y así continuó la procesión hasta que los invasores rodearon completamente la ciudad. Luego todos volvieron al campamento de Israel y se dispersaron.

—¡Es una manera cómica de atacar a una ciudad! —dijo uno que estaba sobre las murallas—. Si así es como piensan hacernos la guerra, no tenemos por qué preocuparnos.

—No me gusta eso —dijo otro—. ¿Notaste cuán callados iban? Hasta donde me fue posible escuchar, nadie habló una palabra. Lo único que se oía era el sonido que hacían con las trompetas.

Al otro día sucedió la misma cosa: la misma procesión, la misma marcha silenciosa alrededor de la ciudad. Era algo pavoroso. Y lo mismo ocurrió al día siguiente y al siguiente. En verdad, durante seis días consecutivos.

89

—¿Qué es lo que se proponen? —comentaban muchos en la ciudad—. ¿Piensan que van a atemorizarnos así, dando vueltas y vueltas?

Entonces llegó el séptimo día. Temprano por la mañana la procesión comenzó otra vez. Al principio no parecía haber ninguna diferencia. Y no la hubo, hasta que se completó un circuito. Entonces, en lugar de volver al campamento como acostumbraban hacerlo, los soldados y los sacerdotes dieron otra vuelta a la ciudad. Luego otra, y otra. Cuatro veces, cinco veces, seis veces. Pero no arrojaron siquiera una lanza, ni dispararon una flecha. El único sonido que se oía era el que hacían los sacerdotes con las trompetas y el ruido del *tramp*, *tramp*, producido por los pies de la hueste que marchaba.

Indudablemente que para entonces las murallas estaban atestadas de gente que observaba el espectáculo asombroso,

preguntándose qué significaría, y qué podría ocurrir después. La procesión dio vuelta por séptima vez.

De repente, mientras los sacerdotes tocaban una vez más las trompetas, se oyó un gran alarido. Este era tan fuerte, que parecía como si todos los soldados de las filas de los israelitas hubieran gritado exactamente al mismo tiempo. La onda de sonido pareció herir las murallas como un ariete, porque en ese preciso momento se produjo un temblor y un sacudimiento como si un terremoto hubiera conmovido la ciudad. Las grandes murallas comenzaron a caer hacia afuera. Centenares de hombres que habían sido ubicados allí para defenderlas se cayeron y perecieron, dejando así la ciudad abierta para los israelitas.

Minutos después la batalla había concluido. Jericó había sido capturada. Israel había ganado su primera victoria.

ILUSTRACION DE FRED COLLINS

HISTORIA **9**

El Pecado Enterrado

CUANDO los israelitas volvieron al campamento después de la captura de Jericó, se sintieron muy complacidos. ¡Habían tomado la ciudad más importante del valle del Jordán sin librar una sola batalla! Todo lo que habían tenido que hacer había sido caminar alrededor y gritar. ¡Qué asombroso! Comenzaron a pensar que si todas las ciudades de Canaán podían ser capturadas tan fácilmente como ésa, poseerían la tierra inmediatamente.

Pensando así, salieron para tomar la ciudad de Hai. Debido a que era mucho menor que Jericó, algunos de los dirigentes sugirieron que no era necesario enviar a la batalla a todos los hombres de Israel. "Dos o tres mil hombres que suban bastarían —le dijeron a Josué—; no es preciso que todo el pueblo se fatigue".

De manera que salieron unos tres mil hombres para atacar a Hai; y fueron derrotados. Treinta y seis hombres fueron muertos, y el resto llegó al campamento muy desanimado.

Algo había andado mal. Josué se sentía casi tan apesadumbrado como los demás. No podía entenderlo. ¿Dónde estaba el Capitán de la hueste del Señor que había prometido la victoria? "Josué rasgó sus vestiduras, y se postró rostro en tierra ante el arca de Jehová, hasta por la tarde, él y los ancianos de Israel, y echaron polvo sobre sus cabezas".

Esa era una posición extraña para el supuesto conquistador de un país, y al Señor no le gustó.

"Levántate —le dijo a Josué—; ¿por qué te echas sobre tu rostro?"

Entonces el Señor le explicó qué era lo que pasaba. Alguien en el campamento había cometido un pecado atroz. Alguien había desobedecido órdenes y guardado una parte del despojo de Jericó para sí. "Hay en medio de ti, ¡oh Israel!, un anatema, y no podrás resistir ante el enemigo mientras no hayas quitado el anatema de en medio de vosotros".

¿Pero cómo podría Josué encontrar al hombre que había cometido ese acto?

Buscar al culpable entre un millón de israelitas sería como tratar de encontrar una aguja en un pajar.

Entonces el Señor le indicó que echaran suertes, primero para encontrar la tribu a la cual el hombre pertenecía, luego su familia, y finalmente para encontrar al hombre.

Mientras tanto, Acán, que había robado los artículos y los había enterrado en su tienda, se sentía perfectamente seguro.

"No me van a pescar nunca —se decía a sí mismo—. Nunca".

Aun cuando Josué reunió a todo el pueblo y comenzó a echar suertes, Acán estaba sin cuidado. Entre tantos, tantos miles de personas, ¿cómo podrían encontrarlo jamás, especialmente cuando en el campamento nadie sabía lo que él había hecho?

Sin embargo, cuando oyó que al echar suertes por las doce tribus, la suerte había caído en la tribu de Judá, comenzó a sentirse un poco ansioso. "Esa es la mía —se dijo—. Pero hay miles de familias en la tribu de Judá —se tranquilizó—. Todavía estoy bien".

Su ansiedad subió de punto cuando se enteró de que la suerte que se había echado entre las familias de Judá, había caído sobre la familia de los de Zera. "Esa es mi familia —se dijo—. Eso no me gusta. Se están acercando mucho".

Minutos más tarde la suerte cayó más cerca aún, porque correspondió a Zabdi, el abuelo de Acán. Cuando el hombre se adelantó para hablar con Josué, y los sacerdotes comenzaron a echar suertes sobre los hijos y los nietos de Zabdi, el rostro de Acán palideció.

Entonces oyó que se llamaba su propio nombre, y su corazón desfalleció. Comprendió que había terminado el juego. "Hijo mío —dijo Josué bondadosa pero solemnemente—, anda, da gloria a Jehová, Dios de Israel, y ríndele honor. Confiésame lo que has hecho, no me lo ocultes".

Temblando, Acán confesó.

No podía hacer ninguna otra cosa.

Sí, él era quien había pecado. Cuando Jericó había sido capturada, había visto "un hermoso manto" babilónico, y dos-

94

cientos siclos de plata y una barra de oro. "Y codicioso los cogí —dijo—, y los enterré en medio de mi tienda".

Josué envió hombres a la tienda de Acán; éstos encontraron los efectos y los trajeron consigo. Con ellos hicieron una miserable pilita enfrente de Josué y de los ancianos de Israel, y el manto babilónico no pareció ni de cerca tan hermoso como antes. ¡Qué pena que Israel hubiera sufrido la derrota en la batalla, y que muchos hombres buenos hubieran perdido la vida, por causa de esa miserable pieza de ropa y de unos trozos de plata y de oro! Acán lo lamentaba mucho, terriblemente.

Pero era demasiado tarde para lamentarse. Debía ser castigado, y lo fue.

Se lo llevó hasta un valle donde había muchas piedras, y el pueblo le arrojó piedras hasta que murió. "Y echaron sobre Acán un gran montón de piedras, que todavía hoy subsiste".

El lugar fue llamado Acor, que significa "turbación". ¡Y cuántas dificultades se produjeron por ese solo pecado, un pecado enterrado que no pudo quedar oculto!

HISTORIA **10**

Pan Duro

DESPUES de que Acán hubo sido castigado, Hai fue fácilmente conquistada. No se la tomó sin embargo, con tres mil hombres, sino que fueron todos los hombres de guerra, como habían hecho en el caso de Jericó, y la ciudad fue saqueada y quemada.

Cuando las noticias de esa segunda gran victoria se divulgaron por la región, la gente de Canaán se asustó mucho. Algunos de los gobernantes de las ciudades más grandes decidieron aliarse entre sí para guerrear contra Israel. Otros pensaron que, de ser posible, sería mejor hacer un tratado de paz con los invasores.

Entre ellos se contaban los dirigentes de Gabaón a quienes se les ocurrió una idea muy brillante para salvarse.

Su ciudad no distaba mucho de Hai, y ellos pensaron que si no actuaban pronto, la próxima vez les tocaría el turno a ellos y serían destruidos. De manera que se disfrazaron de embajadores de un país distante y "tomaron sacos viejos sobre sus asnos, cueros viejos de vino, rotos y remendados; zapatos viejos y recosidos para sus pies, y se pusieron vestidos viejos; todo el pan que traían. . . estaba duro y hecho migas. Llegaron a Josué, al campamento de Gilgal; y le dijeron a él y a los de Israel: Venimos de muy lejanas tierras para hacer alianza con vosotros; hagámosla, pues".

Algunos de los dirigentes de Israel sospecharon un poco de los forasteros sucios por el viaje, y los observaron cuidadosamente, pero ninguno descubrió el fraude. De manera que Josué les preguntó quiénes eran y de dónde venían.

Fatigosamente respondieron: "Tus siervos vienen de muy lejanas tierras, por la fama de Jehová, tu Dios, pues hemos oído hablar de cuanto hizo en Egipto, y de lo que ha hecho a los reyes de los amorreos de la otra parte del Jordán, Sehón, rey de Hesbón, y Og, rey de Basán".

Por supuesto, evitaron mencionar a Jericó y Hai, con lo cual hubieran revelado su verdadera procedencia.

Luego, notando que su discurso había producido una profunda impresión en Josué y en los príncipes de Israel, siguieron adelante y, como demostración de lo que habían afirmado, mostraron el alimento que habían traído consigo.

"Aquí tienes nuestro pan —dijeron compungidos—; estaba caliente. . . en nuestras casas. . . el día en que partimos para venir a vosotros; y ahora, como veis, está seco y en migajas; estos odres de vino eran nuevos cuando los llenamos; y ya los veis, rotos; nuestros vestidos y nuestros zapatos se han hecho viejos por lo largo del camino".

S.B.S. 3-7

No sé cómo podían quedarse serios mientras decían todas esas falsedades. Pero lo hicieron. Y Josué les creyó. Y lo mismo ocurrió con los demás dirigentes que los escucharon. ¿Cómo podían negar la evidencia de ese pan envejecido? "Y... Josué les otorgó la paz y concertó con ellos que les dejaría la vida, y también los príncipes de la asamblea les juraron".

Naturalmente, no pasó mucho tiempo antes de que se descubriera el fraude. A los tres días salió a luz la verdad. Puedes imaginarte cuán indignados se sintieron Josué y los demás por haber pasado por tontos. Pero mantuvieron su palabra. Cuando llegaron a Gabaón, no la tocaron. No obstante, se les dijo a los gabaonitas que, como castigo por su engaño, debían por siempre "cortar la leña y sacar el agua" como servicio en favor de los hijos de Israel.

¿Cómo fue que Josué y los príncipes de Israel fueron engañados por esa gente astuta? La Biblia dice: "Los de Israel tomaron de sus provisiones, y sin consultar a Jehová" pactaron la paz con ellos.

Dios estaba dispuesto a aconsejarlos en este asunto, de la misma manera en que les había aconsejado cómo tomar a Jericó y Hai. Pero estando quizás un poco engreídos debido a las dos grandes victorias que habían obtenido, pensaron que era innecesario consultar a Dios por un asunto tan insignificante como ése. Y así resultaron engañados por unos pedazos de pan seco.

Es bueno presentar todos nuestros problemas a Dios y permitirle que él nos guíe en todos los detalles de nuestra vida.

HISTORIA 11

El Sol se Detuvo

ESE pedazo de pan viejo que los gabaonitas mostraron a Josué le acarreó más dificultades de lo que él esperaba.

Poco después de haber firmado el tratado de paz con ellos, le enviaron un mensaje urgente pidiéndole ayuda. Estaban a punto de ser atacados por cinco reyes de las ciudades circunvecinas, y le rogaron que acudiera en seguida y los salvara. "Sube prestamente a nosotros y socórrenos —le rogaron—, porque se han coligado contra nosotros todos los reyes de los amorreos".

Estos cinco reyes habían planeado atacar a los israelitas y detener la invasión de Canaán; de manera que, naturalmente, cuando se enteraron de que los gabaonitas habían firmado la paz con Israel, se enfurecieron. Los trataron de traidores y se dispusieron a castigarlos. De ahí que los gabaonitas recurrieran a Josué por ayuda.

Esta vez Josué no se olvidó de consultar a Dios acerca de qué debía hacer. Para sorpresa suya el Señor le dijo que acudiera en socorro de esa gente que lo había engañado, y que lo hiciera inmediatamente.

Marchando durante toda la noche, los ejércitos de Israel llegaron a Gabaón justamente a tiempo. Tomados por sorpresa, los soldados de los cinco reyes se dispersaron en todas direcciones.

Durante la lucha que continuó ocurrieron dos cosas maravillosas. En primer lugar se desató de repente una tormenta de granizo que abatió al enemigo, de manera que fueron "más los muertos por las piedras de granizo que los muertos por la espada de los hijos de Israel".

Entonces, como se estaba haciendo tarde, y Josué se dio cuenta de que muchos se escaparían amparados por las tinieblas, oró para disponer de más tiempo para terminar la obra.

Josué reconoció que ésa era una batalla muy importante. Si la ganaba, quebrantaría el poder de los cananitas de una vez por todas. Su camino al mar quedaría expedito, como también quedaría todo Canaán. *Debía* ganarla. ¡Oh, si tuviera unas horas más de luz! ¡Si tan sólo el sol no se pusiera!

De pronto miró hacia el sol que estaba poniéndose y exclamó: "Sol, detente sobre Gabaón; y tú, luna, sobre el valle de Ajalón".

Yo no sé exactamente cómo sucedió eso, pero la Biblia dice que "el sol se detuvo, y se paró la luna" hasta que se ganó la batalla.

Hora tras hora, cuando normalmente hubiera sido oscuro, había luz. El sol continuó brillando, y "no se apresuró a ponerse, casi un día entero". Permaneció allí en el cielo, donde estaba. "No hubo, ni antes ni después, día como aquél en que obedeció Jehová a la voz de un hombre, porque Jehová combatía por Israel".

Por supuesto, todos los habitantes de Palestina se dieron

cuenta de ese fenómeno y se maravillaron por ese día tan largo. Y cuando se enteraron de que eso había ocurrido solamente para que Israel pudiera derrotar a los cinco reyes, no les quedó mucho ánimo para pelear. En las batallas que siguieron Israel obtuvo una sucesión de victorias. Así "se apoderó Josué de todo el territorio, conforme a todo lo que Jehová había dicho a Moisés".

Por fin, cuando terminó la lucha, Josué dividió cuidadosamente la tierra entre los hijos de Israel. Para asegurarse de que todos quedarían satisfechos, designó una comisión de veintiún hombres, que exploraran toda la tierra y "la describieron en un rollo según sus ciudades, dividiéndola en siete partes". Con este libro a mano, repartió el territorio echando suertes, y las diversas tribus aceptaron la porción que les tocó. Entonces se separaron para comenzar la nueva vida en la tierra prometida. Así, "las buenas palabras que Jehová había dicho a la casa de Israel, todas se cumplieron".

HISTORIA 12

Los Ultimos Días de Josué

CUANDO se estaba dividiendo la tierra de Canaán entre las tribus de Israel, ocurrieron dos cosas hermosas.

La primera sucedió cuando el anciano Caleb vino con una petición. ¿Qué supones que pidió este anciano veterano de ochenta y cinco años? ¿Una linda porción de llanuras fértiles al lado del Jordán? No, por cierto. Eso no lo haría él. "Dame... este monte —dijo, señalando a uno donde todavía vivían los gigantes hijos de Anac—. Quizá quiera Jehová estar conmigo y logre arrojarlos, según la palabra de Jehová".

Eran los mismos hijos de Anac los que habían atemorizado al pueblo cuarenta años antes. Ahora Caleb, valiente hata el fin, se ofreció para combatirlos él mismo. Lo hizo, y obtuvo la victoria.

Entonces, cuando la división de la tierra había casi terminado, le tocó el turno a Josué. ¿Qué pidió él? Como dirigente podría haber demandado una hermosa y extensa franja de tierra, pero no lo hizo. En cambio pidió una ciudad pequeña y arruinada, que tuvo que reconstruir. Y cuando se la dieron la llamó Timnat-sera, que significa "la porción que permanece". Con su actitud, demostró ser un hombre verdaderamente grande. No tomó nada para sí hasta que todos habían sido atendidos.

Transcurrieron los años. Años de paz y felicidad para Israel. Josué celebró su centésimo cumpleaños. Poco después, sintiendo que su fin se acercaba, reunió al pueblo como lo había hecho Moisés poco antes de morir. Cuando los israelitas acudieron les recordó nuevamente todas las bondades que Dios había tenido para con ellos desde el día en que había llamado a Abrahán a salir de Ur de los Caldeos. Haciéndolos retroceder con la imaginación hasta los días de su esclavitud en Egipto, se refirió a la gran liberación del Mar Rojo, al milagroso cruce del Jordán, y por último a todas las maravillosas victorias que Dios les había concedido desde aquel día.

"Tened gran cuidado de vosotros mismos, amando a Jehová, vuestro Dios —les imploró—. Temed a Jehová y servidle con integridad, y en verdad".

Luego les advirtió de lo que les ocurriría si llegaban a olvidarse del Dios que los había bendecido tanto añadiendo aquellas últimas y memorables palabras suyas: "Elegid hoy a quien queréis servir... En cuanto a mí y a mi casa toca, nosotros serviremos a Jehová".

Profundamente conmovidos por la fe de su anciano líder y por su gran preocupación por ellos, el pueblo replicó: "Serviremos a Jehová, nuestro Dios, y obedeceremos su voz".

Ellos se proponían a hacer lo que decían, estoy seguro de ello. Y mientras Josué vivió, cumplieron su palabra.

Entonces Josué murió "a la edad de ciento diez años". ¿Y dónde supones que lo sepultaron? En su propia ciudad, la ciudad de Timnat-sera, "la porción que permanece", un lugar adecuado para uno cuyo nombre habría de permanecer para siempre.

TERCERA PARTE

Historias de los Días de los Jueces

(Jueces 1:1 a Rut 4:22)

BALAAM SE ENCUENTRA
CON EL ANGEL

CIUDADES AMURALLADAS
DE LOS CANANEOS

MAR
DE
GALILEA

CULTO A BAAL

MTE. EBAL

MTE. GERIZIM

EL TABERNACULO
EN SILO

RIO JABOC

CIUDADES DE TIENDAS

TIERRA DE GIGANTES

CRUZANDO
EL JORDAN

CAIDA DE JERICO

RIO ARNON

LOS GABAONITAS

MAR
MUERTO

OCUPACION DE CANAAN

BAJO LA DIRECCION DE JOSUE

QUADE

≈≈≈≈≈≈≈≈≈≈

HISTORIA 1

El Lugar de los que Lloran

≈≈≈≈≈≈≈≈≈≈

CUANDO se les repartió la tierra de Canaán a las tribus de Israel, era con el entendimiento de que iban a expulsar a los pobladores malvados que encontraran allí, quebrar sus ídolos y derribar sus altares. Debían organizar en Palestina una nación pura y santa que resplandeciera iluminada por la gloria de Dios en un mundo malvado. Pero no lo hicieron. Se cansaron demasiado pronto.

Ansiosos de construir sus propias casas y de comenzar a cultivar de nuevo la tierra, encontraron toda suerte de excusas para no hacer exactamente lo que Dios, por medio de Josué, les había indicado.

Leemos que la tribu de Judá se apoderó "de la parte montañosa, pero no pudo expulsar a los habitantes del llano, que tenían carros de hierro". Sin embargo, ¿eran verdaderamente un obstáculo los carros de hierro? ¿No podría haber encontrado el Señor un medio de habérselas con ellos, así como había ayudado a Israel a cruzar el Mar Rojo y el Jordán?

El primer capítulo de Jueces encierra una larga historia

107

Después de cruzar el Jordán y de vencer a los gigantes en sus ciudades amuralladas, los israelitas armaron el tabernáculo, pactaron con los gabaonitas y prosperaron como Dios prometió.

de fracasos. "Manasés no expulsó a los habitantes de Bet-seán". "Efraín no expulsó a los cananeos que habitaban Gezer". "Zabulón no expulsó a los habitantes de Quitrón". Y así por el estilo.

Entonces dice: "Los amorreos rechazaron a los hijos de Dan hacia los montes y no los dejaban bajar al llano". ¡Qué vergüenza que eso ocurriera después de todas las aplastantes victorias que Israel había obtenido bajo la dirección de su valeroso líder, Josué!

Todo eso era muy desanimador. Y lo que Dios pensaba de esa situación se revela en las palabras que el "ángel de Jehová" dirigió a los hijos de Israel en un lugar llamado Boquim.

"Yo os he hecho subir de Egipto —dijo con tristeza— y os he traído a la tierra que juré a vuestros padres, y he dicho: No romperé mi pacto eterno con vosotros si vosotros no pactáis con los habitantes de esta tierra; habéis de destruir sus altares. Pero vosotros no me habéis obedecido; ¿por qué habéis obrado así?"

Entonces les recordó la advertencia que les había hecho por medio de Moisés mucho tiempo antes:

"Pues yo también me he dicho: No los arrojaré de ante vosotros, y los tendréis por enemigos, y sus dioses serán para vosotros un lazo".

Cuando los hijos de Israel escucharon esas solemnes palabras de reproche y amonestación, se entristecieron mucho. Se dieron cuenta de que ese mensajero celestial decía la verdad. Ellos no habían hecho lo que Dios les había pedido. No habían expulsado a los cananeos. No habían destruido sus ídolos. No habían derribado sus altares. Habían sido holgazanes, ego-

ístas, insensatos, desobedientes. Y ahora Dios no los iba a ayudar más.

Primero uno de ellos comenzó a llorar, luego otro y otro hasta que finalmente, todos estaban derramando lágrimas. "Los hijos de Israel, lloraron todos a voces. Llamaron a este lugar Boquim", que significa "los que lloran".

Estuvo bien que lloraran. Dios se agradó al ver que ellos se sentían apenados por sus pecados.

La lástima es que su arrepentimiento no duró mucho tiempo.

Demasiado pronto "hicieron el mal a los ojos de Jehová y sirvieron a los Baales. Se apartaron de Jehová, el Dios de sus padres, que los había sacado de Egipto, y se fueron tras otros dioses".

"Encendióse en cólera Jehová contra Israel, y los entregó en manos de salteadores, que los asaltaban y los vendían a los enemigos del contorno... En cualquier salida que hacían pesaba sobre ellos para mal la mano de Jehová, como él se lo había dicho, como se lo había jurado, y se vieron en muy gran aprieto".

¡Qué días más tristes! Cuesta pensar que personas que habían visto al Señor obrar tantas maravillas en su favor pudieran olvidarlo tan pronto. Pero lo hicieron. ¡Y qué precio tuvieron que pagar! Antes de mucho cada ciudad que habían edificado y cada una de sus moradas, llegó a ser un *boquim,* un lugar de "los que lloran".

¡Qué lección para todos nosotros! ¡Ojalá que nunca nos olvidemos del Señor!

HISTORIA **2**

Días de Vaivén

DURANTE muchos años después de la muerte de Josué la suerte del pueblo de Israel se pareció al movimiento de un sube y baja. A veces estaban arriba. A veces estaban abajo. Cuando los israelitas se olvidaban de Dios y adoraban los ídolos de Canaán, les sobrevenía una gran aflicción; cuando se volvían a Dios, otra vez lo pasaban bien.

Era justamente así: sube y baja, sube y baja. ¡Qué lástima! Porque Dios había planeado para ellos una vida maravillosa. El quería que anduvieran siempre "sobre las alturas de la tierra". Deseaba que llegaran a ser la nación más grande y más noble que jamás hubiera existido, una nación que proclamara a todo el mundo su amor. Pero, he aquí que, "apartándose de Jehová, sirvieron a Baal... y se vieron en muy grande aprieto".

No obstante, dice la Biblia que "Jehová suscitó jueces, que los libraron de los salteadores". Sin embargo, "muriendo el juez... volvían a corromperse más todavía que sus padres, yéndose tras de los dioses extraños para servirlos y adorarlos, sin dejar de cometer sus crímenes, y persistían en sus caminos".

Esa era la historia —sube y baja, sube y baja, abajo y arriba— apartándose de Dios y metiéndose en dificultades, y apartándose de las dificultades y volviendo a Dios.

El primer castigo sobrevino cuando Dios permitió que el rey de Mesopotamia invadiera el país. Este monarca mantuvo a Israel en servidumbre durante ocho años. Al fin, cuando los israelitas se arrepintieron de sus pecados y clamaron a Dios por liberación, el Señor ayudó a Otoniel, sobrino de Caleb, a expulsar al invasor. Animado por el mismo espíritu de valentía de su tío, reunió al pueblo y lo condujo a la victoria.

Durante los cuarenta años siguientes todo marchó bien, pero después de que Otoniel murió, los israelitas nuevamente se olvidaron de Dios y "volvieron otra vez a hacer mal... a los ojos de Jehová". De manera que el Señor permitió que Eglón, rey de Moab, conquistara la tierra, e Israel pasó otros dieciocho años bajo la férula de un rey extranjero.

Paulatinamente comenzaron a arrepentirse por haber procedido mal, y el Señor los perdonó. Esta vez envió a un hombre llamado Aod para rescatarlos. Este caudillo obtuvo una gran victoria sobre Moab, y tuvieron paz durante ochenta años. "Muerto Aod, volvieron los hijos de Israel a hacer mal a los ojos de Jehová, y los entregó Jehová en manos de Jabín, rey de Canaán".

Eran justamente como algunos niños que conozco: tan desobedientes, que tienen que ser castigados. Entonces se arrepienten de su conducta; luego se portan bien durante un tiempito; y después vuelven a desobedecer. Tal vez tú conoces a alguien que es así.

Era una verdadera lástima, porque no solamente se arruinaba el hermoso propósito que Dios tenía para con ellos, sino que todos vivían pobres y miserables. Los invasores les robaban sus cosechas y su dinero, y los hacían trabajar de balde.

Cuando los cananeos, con su rey Jabín los dominaron, la Biblia dice que "oprimían duramente a los hijos de Israel". Pero de nuevo, cuando los israelitas se arrepintieron de sus pecados, el Señor se compadeció de ellos y envió a Débora para que los ayudara. Esta mujer notable era una "madre en Israel"

y una profetisa. Débora levantó a todo Israel para que saliera y peleara contra Sísara, el capitán del ejército de Jabín, aun cuando éste disponía de novecientos carros herrados. Obedeciendo a esta valiente mujer, Israel obtuvo una gran victoria, y Sísara mismo fue muerto, mientras dormía, por una mujer llamada Jael.

"Ofrecióse el pueblo al peligro. Bendecid a Jehová", cantó Débora después de la batalla. Y el pueblo alabó a Dios. Se sentían muy felices por estar nuevamente libres. "Perezcan así todos los enemigos, ¡oh Jehová! —clamaron—, y sean, los que te aman, como el sol cuando nace en toda su fuerza".

Durante un corto tiempo pareció como si se hubiera producido un gran reavivamiento en todo el país. Pero no; no fue así. Lo que por un tiempo pareció una aurora, muy pronto se tornó en ocaso. Otra vez "los hijos de Israel hicieron mal a los ojos de Jehová, y Jehová los entregó en manos de Madián durante siete años".

¡Qué pena que todo un pueblo se apartara de Dios tan fácilmente! Debemos orar para que nunca hagamos lo mismo.

S.B.S. 3-8

HISTORIA 3

Un Angel Quema la Comida

DESPUES de vivir siete años bajo el yugo de los madianitas, la situación se volvió tan mala para los israelitas, que huyeron de sus hogares y se guarecieron en cuevas y cavernas en las montañas. Cuando algunos de los más valientes se aventuraban a salir de sus escondrijos para sembrar sus campos, los soldados enemigos destruían sus sembrados antes de que pudieran cosecharlos, "no dejando subsistencia alguna en Israel, ni ovejas, ni bueyes, ni asnos". Por eso, todos se estaban muriendo de hambre.

Los peores días pasados en el desierto no habían sido tan malos como los que vivían entonces. ¡Cómo deben haber anhelado los pobres israelitas tener a Moisés y a Josué! Parecía como si Dios los hubiera abandonado completamente. Pero no era así. El Señor "no pudo soportar la aflicción de Israel". Estaba buscando siempre la primer señal de arrepentimiento, y a alguien mediante el cual pudiera librarlos.

Esta vez encontró al hombre que buscaba en una pequeña localidad llamada Ofra. Allí, en una calurosa tarde de verano,

115

LUSTRACION DE KREIGH COLLINS   © 1954, BY REVIEW AND HERALD

Cuando Dios necesitó un líder valiente en quien pudiera confiar para librar a los israelitas de los madianitas, envió a un ángel, con el fin de llamar a Gedeón que estaba trillando.

un joven estaba trillando trigo en el lagar "para esconderlo de Madián". Ya que no era época de vendimia, pensó que durante un tiempo los madianitas no irían a revisar el lagar.

Aunque era un joven de elevada estatura, fuerte y de buena apariencia, semejante a "un hijo de rey", su corazón se sentía adolorido pensando en las aflicciones de su pueblo.

De pronto, levantando los ojos de su trabajo, se sobrecogió al ver a un extraño sentado debajo de un terebinto cercano. Había tenido la seguridad de que estaba solo, oculto a todo ojo curioso. Pero no era así. Alguien lo estaba mirando. ¿Quién podría ser? ¿Un madianita?

Entonces el forastero habló:

—El Señor es contigo, valiente héroe.

¡Conque era así! Entonces debía ser un amigo.

—Por favor, mi señor —dijo Gedeón, expresando todo lo que tenían en su corazón—; si Jehová está con nosotros, ¿por qué nos sucede todo esto? ¿Dónde están todos los prodigios que nos contaron nuestros padres, diciendo: Jehová nos hizo subir de Egipto? Y ahora Jehová nos ha abandonado.

El forastero lo miró entonces de frente y le dijo:

—Ve y con esa fuerza que tú tienes libra a Israel de las manos de Madián.

—¿Yo? —dijo Gedeón con la misma humildad que Moisés había manifestado al llamarlo Dios junto a la zarza ardiendo—... ¿Con qué voy a libertar yo a Israel? Mi familia es la más débil... y yo soy el más pequeño de la casa de mi padre.

—Yo estaré contigo y derrotarás a Madián como si fuera un solo hombre —le respondió el Señor.

Gedeón casi no podía dar crédito a sus oídos. Se preguntaba si no estaría soñando.

—Dame una señal de que eres tú quien me habla —le dijo al forastero. Entonces recordó que debía ser hospitalario—. No te vayas de este lugar hasta que yo vuelva a ti y te ofrezca mi presente.

Muy excitado, corrió a su humilde hogar, cocinó un poco de carne, haciendo con ella un caldo, y preparó algunas tortas de harina, todo lo cual era muy escaso y precioso en esa época. Entonces se apresuró a volver al terebinto, preguntándose si el visitante estaría todavía allí.

Así era. Y para sorpresa de Gedeón le pidió que pusiera la carne y los panes sin levadura sobre una roca cercana y que vertiera sobre ellos el caldo.

Gedeón hizo como se le dijo, aunque todo eso debe haberle parecido un tremendo derroche.

El forastero tocó entonces el alimento con la punta del báculo que tenía en su mano y "surgió en seguida fuego de la piedra, que consumió la carne y los panes". Luego el desconocido desapareció.

Gedeón tuvo entonces la seguridad de que su visitante no había sido otro sino el ángel del Señor. Inclinando su rostro exclamó:

—¡Ay, Señor mío Jehová, que he visto al ángel de Jehová cara a cara!

—¡Salud a ti —le susurró el Señor—, no temas, no has de morir!

Profundamente conmovido, el primer pensamiento de Gedeón fue construir un altar al Dios del cielo, el Dios de Abrahán, de Isaac y de Jacob, que le había hablado en ese lugar. De manera que apiló piedras sobre la roca de donde había surgido el fuego, y llamó el lugar "Jehová-salom", que significa "Jehová es paz". Esa oración expresaba el anhelo de su alma. El Señor deseaba enviar paz, pero había mucho más que hacer.

HISTORIA 4

El Vellón Húmedo-Seco

ESA misma noche el Señor le volvió a hablar a Gedeón, indicándole en detalle qué era lo que debía hacer. Tenía que comenzar su tarea inmediatamente y en su hogar. El primer paso para expulsar a los madianitas del país consistía en derribar el altar a Baal que estaba en el patio de su propia casa.

De manera que, en la soledad de la noche, tomando consigo a diez de sus criados jóvenes para que lo ayudaran, Gedeón derribó el altar a Baal que su padre había construido. Antes de que saliera el sol estaba hecho añicos, y talado el bosque que lo rodeaba.

Luego envió mensajeros por todo el país pidiendo voluntarios para que lo ayudaran a combatir a los madianitas. Miles se reunieron a su alrededor. Pero él seguía preocupado con respecto a su llamamiento. ¿Lo había realmente llamado el Señor? ¿Lo acompañaría en las batallas que tendría que librar?

Por tanto, Gedeón decidió pedirle al Señor que le mostrara con claridad que no había habido ninguna equivocación.

Tomando "un vellón de lana", lo extendió sobre el suelo. Entonces le dijo al Señor que si a la mañana el rocío había caído sobre el vellón, al par que la tierra de alrededor estaba seca, él sabría que todo estaba bien y que Dios realmente deseaba que él salvara a los israelitas de los madianitas.

A la mañana el vellón estaba tan húmedo, que Gedeón lo exprimió y sacó de él una cazuela de agua; y la tierra de alrededor estaba seca.

Pero todavía le quedaba una duda. El vellón *podría* haberse humedecido con la humedad del aire. Para asegurarse mejor, le pidió a Dios que le diera otra señal. Mañana de mañana, dijo "que sea el vellón el que se quede seco y caiga rocío sobre todo el suelo".

Cuando Gedeón levantó el vellón seco de la tierra empapada, desaparecieron todas sus dudas. Puedo verlo allí en pie, solo, con la cabeza inclinada, diciendo: "Gracias, querido Señor. Ahora estoy listo. Estoy seguro de que todo saldrá bien".

≈≈≈≈≈≈≈≈

HISTORIA **5**

Trescientos Héroes

≈≈≈≈≈≈≈≈≈≈≈≈≈≈≈≈

E N UN número cada vez mayor los hombres de Israel se encaminaban al lugar donde Gedeón había enarbolado el estandarte de rebelión contra los madianitas, hasta que llegó a tener un ejército de treinta y dos mil hombres.

—Hay demasiada gente contigo —le dijo el Señor.

—¿Demasiada? —se preguntó Gedeón. Eso era algo difícil de entender para un comandante de ejército.

—Sí —insistió el Señor—; es muy peligroso pelear con tantos; no sea que el pueblo se atribuya la gloria de la victoria a sí mismo.

Por orden del Señor, y para sorpresa de todos, Gedeón dijo a la multitud que lo rodeaba: "El que tema y tenga miedo, que se vuelva y se retire".

Para su consternación, vio que el ejército se le derretía. ¡Veintidós mil hombres se volvieron a la casa!

Me imagino que dijo: "¡Esto es imposible! Con sólo diez mil hombres que han quedado, lo mejor será que abandonemos toda esta empresa".

Pero el Señor volvió a hablarle: "Todavía hay demasiada gente". ¡Todavía! ¿Cómo era posible?

Entonces el Señor le indicó que llevara a los diez mil hombres que le habían quedado a un arroyo cercano, y él le indicaría cuáles de éstos irían a la batalla.

Cuando todos estuvieron reunidos a la orilla del agua, el Señor le dijo a Gedeón que todos los que se arrodillaran para beber debían ser enviados de vuelta a la casa. Sólo los que se llevaran el agua a la boca con la mano, y la lamieran "como la lamen los perros", debían permanecer.

Cuando terminó la prueba, ¿cuántos soldados crees que le quedaron a Gedeón? Apenas trescientos. ¿Y por qué fueron elegidos éstos? Es posible que fuera porque, a diferencia de los otros, no bajaron la cabeza para beber, sino que en todo momento se mantuvieron alerta. Por lo tanto, eran los únicos que podían pelear. ¿Qué hacer ahora? ¿Cómo podía Gedeón esperar derrotar a la gran hueste de madianitas con ese puñado de hombres, por valientes y devotos que fueran?

Cuando el Señor advirtió la gran preocupación de Gedeón, le dijo: "Con esos trescientos hombres. . . os libertaré".

Y así ocurrió. El Señor le indicó a Gedeón que diera a cada hombre una trompeta, una antorcha y un cántaro vacío. En el momento preciso debían prender la antorcha y esconderla dentro del cántaro.

Amparado por las tinieblas de la noche, Gedeón destacó a sus hombres en tres compañías que rodearon el campamento de los madianitas. Entonces, a medianoche, a una señal convenida, cada hombre quebró su cántaro, dejando al descubierto la antorcha encendida. Luego todos tocaron las trompetas, y gritaron con toda la fuerza de sus pulmones: "¡Espada por Jehová y por Gedeón!"

Los madianitas, que estaban durmiendo, se despertaron sobresaltados y, viendo las antorchas y oyendo el griterío a su alrededor, conjeturaron que los israelitas los estaban atacando por todos lados. Perdiendo la cabeza, comenzaron a dar estocadas a diestra y siniestra, matándose unos a otros por millares. El resto huyó, seguido por los trescientos hombres que iban "cansados" pero "en persecución". Se obtuvo así una de las grandes victorias en la historia de Israel.

Eso reveló que Dios estaba todavía dispuesto a ayudar a su pueblo y que todavía podía salvarlo con muchos o con pocos.

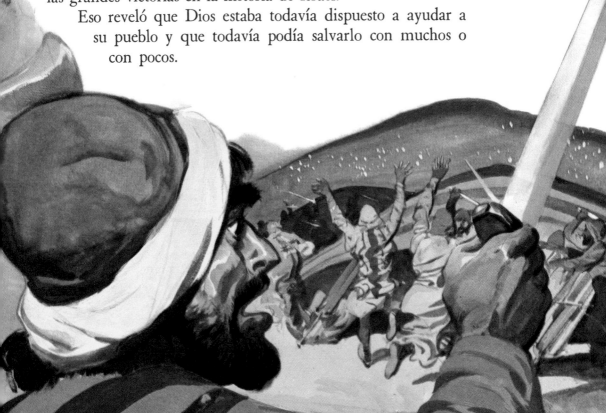

HISTORIA **6**

La Niña más Triste

HA HABIDO muchas niñas tristes en el mundo, pero esta es la historia de la niña más triste de todas.

No conocemos su nombre; sólo sabemos que era la hija de un hombre llamado Jefté, uno de los caudillos de quienes Dios se valió para ayudar a Israel después de la muerte de Gedeón.

Ella era hija única, porque Jefté, aunque era "un fuerte guerrero", no tenía ningún hijo.

Si bien la niña no tenía hermanos ni hermanas, estoy seguro de que amaba mucho a su padre, y sé que él la amaba mucho a ella. Tal vez, como le ocurre a la mayoría de las niñas, soñaba con que algún día, cuando fuera grande, se casaría y tendría sus propios niños y niñas, lo cual compensaría los sentimientos de soledad que había experimentado en su niñez.

Pues bien, en cierta oportunidad cuando Jefté fue a pelear contra los amonitas, que habían amenazado despojar a los israelitas de mucho de su territorio, hizo un extraño voto. Le prometió al Señor que si ganaba la batalla, le consagraría

lo primero que encontrara al llegar a su casa. Naturalmente, él esperaba que fuera uno de los animales que, en aquellos días, por motivo de seguridad, la gente guardaba en sus casas. Pensó que podría ser un cordero, un cabrito o un ternero, que gozosamente ofrecería como presente sobre el altar.

Imagínate sus sentimientos cuando, a su regreso de la victoria obtenida sobre los amonitas, vio que venía corriendo hacia él, no un animal, ¡sino su propia preciosa hija!

En cualquier otra oportunidad se habría regocijado al verla. Se la veía tan dulce y bonita, tocando la pandereta, mientras bajaba danzando por la ladera de la colina para encontrarlo, cantando de alegría como cualquier otra niña que amaba a su padre lo habría hecho.

Pero el pobre Jefté se sentía acongojado. Para asombro de su hija, prorrumpió en llanto y rasgó sus vestidos, como solía hacerlo entonces la gente cuando estaba muy contrariada.

125

"¿Qué pasa, papá? —sin duda le habrá preguntado ella—. ¿No te alegras de verme?" Entonces él le comunicó el voto que había hecho y le dijo que nunca se imaginó que sería ella quien saldría a recibirlo primero.

Naturalmente, Jefté no podía ofrecer a su hija como sacrificio sobre el altar, pero tenía que cumplir su promesa de entregarla al Señor. De lo contrario, sus amigos lo habrían considerado como un perverso. De manera que le explicó a su hija que nunca debía casarse, sino quedar soltera, y servir al Señor durante toda su vida.

A la niña le costó mucho aceptar esa decisión, porque deseaba con toda su alma tener sus propios hijitos, como siempre lo había soñado. Ahora nunca podría lograrlo.

Acompañada por algunas de sus amigas, se fue a las montañas para llorar su suerte, y juntas permanecieron allí durante dos tristes y largos meses. Después, cuando ella volvió a su hogar, sus amigas venían una vez por año y quedaban durante cuatro días para llorar con ella. Por eso creo que ésa fue una de las niñas más tristes de la historia.

HISTORIA 7

El Niño muy Deseado

SU MADRE lo deseaba, su padre lo deseaba, aunque más que todos, Dios lo deseaba.

Manoa y su esposa habían ansiado poseer un niñito, pero no tenían ninguno. Cierto día, sin embargo, un mensajero celestial se le apareció a la mujer de Manoa y le dijo que tendría un hijo y que debía dedicarlo a Dios desde el día de su nacimiento porque el Señor se proponía que realizara una gran obra. El deseaba que llegara a ser un líder de Israel y que salvara a su pueblo de los filisteos, que entonces los estaban oprimiendo.

Cuando llegó a la casa, le contó a su esposo lo que había ocurrido.

"Ha venido a mí un hombre de Dios. Tenía el aspecto de un ángel de Dios muy temible. Yo no le pregunté de dónde venía, ni me dio a conocer su nombre, pero me dijo: Vas a concebir y a dar a luz un hijo. No bebas, pues, vino ni otro licor inebriante y no comas nada inmundo, porque el niño será nazareo de Dios... hasta el día de su muerte".

Manoa no puso en duda la historia que le contó su esposa, sino que se inclinó en oración, diciendo: "Señor: que el hombre de Dios que enviaste venga otra vez a nosotros para que nos enseñe lo que hemos de hacer con el niño que ha de nacer".

Esa fue una oración muy hermosa, y el Señor la escuchó. El hombre de Dios vino de nuevo y les dio a ambos el mismo consejo que había dado antes.

Después de que conversaron durante algún tiempo acerca del niño, Manoa ofreció traer alimento al visitante, pero éste no aceptó la invitación. No obstante, le dijo que si Manoa quería ofrecer un sacrificio a Dios, estaba bien. De manera que Manoa tomó el cabrito con que iba a preparar la comida y lo ofreció como un presente en el altar. Al hacerlo, ocurrió algo verdaderamente maravilloso. De repente, mientras el fuego se levantaba del sacrificio, el hombre de Dios desapareció, ascendiendo al cielo en las llamas.

Sobrecogidos, Manoa y su esposa "cayeron rostro a tierra", seguros de que habían visto a un ángel del Señor.

Manoa estaba asustado pensando que ambos morirían, pero su esposa fue más sensata. Le dijo que si el Señor hubiera querido matarlos, no habría aceptado su ofrenda, ni enviado el ángel para decirles todo lo referente a la crianza del niño.

Ella tenía razón, y con el tiempo llegó el niño, precisamente como el ángel le había dicho. Llenos de orgullo y de agradecimiento, lo llamaron Sansón. "Crecía el niño, y Jehová lo bendijo".

¡Con cuánto amor cuidaron esos queridos padres a su hijito! ¡Con cuánta vehemencia esperaban el día cuando llegara a ser hombre, y estuviera listo para realizar la gran obra que Dios quería que hiciera!

¡Pobres! ¡Qué chasco amargo recibirían!

HISTORIA **8**

El Hombre más Fuerte

SANSON llegó a ser el hombre más fuerte que jamás vivió. Gracias al cuidado amante de sus padres, creció tan grande y vigoroso, que nadie podía hacerle frente. En cierta oportunidad, siendo aún joven, destrozó un león valiéndose únicamente de sus manos.

Pero aunque era fuerte físicamente, era también egoísta y terco, y constituía un gran problema para sus padres. Cuando fue grande, se enamoró de una joven filistea y quiso casarse con ella inmediatamente. Como es natural, sus padres procuraron disuadirlo de hacerlo.

—¿No puedes encontrar una esposa entre tu propio pueblo? —le dijeron bondadosa pero firmemente—. ¿Por qué tomas a una de entre nuestros enemigos?

Sansón, sin embargo, no estaba dispuesto a escucharlos.

—Tómame ésa, pues me gusta —insistió.

De manera que hizo planes para casarse con ella. ¡Y cuánta dificultad y tristeza significó eso para todos!

Cierto día en que acertó a pasar cerca del león que había

matado, notó que dentro de él había un enjambre de abejas que tenía miel. Eso le dio una idea para hacer algo con que divertirse en su fiesta de bodas. En el banquete había treinta jóvenes invitados y él les pidió que resolvieran el siguiente enigma. "Del que come salió lo que se come, y del fuerte, la dulzura". Luego ofreció regalar a cada uno una muda de ropa si podían darle la respuesta durante los siete días que duraría la fiesta. Si no podían hacerlo, a ellos les tocaría darle las treinta mudas.

No pudiendo resolver el enigma, los jóvenes comenzaron a preocuparse. Temían que tendrían que darle a Sansón sus propias ropas, y entonces ¿qué les quedaría a ellos?

Cuando se dieron cuenta de que no podían resolver el enigma, se acercaron a la esposa de Sansón y la persuadieron para que ella le arrancara el secreto. Ella le rogó a Sansón que se lo revelara y, en un momento de debilidad, él lo hizo. Entonces la esposa se lo comunicó a los jóvenes, y ellos vinieron a Sansón y le dijeron: "¿Qué más dulce que la miel? ¿Qué más fuerte que el león?"

Sansón se enojó tanto porque su esposa había revelado el secreto, que fue y mató a treinta filisteos, y tomando sus ropas, se las dio a los treinta jóvenes. Entonces, después de haber estado solamente siete días con su esposa, en un arranque de ira, la abandonó y volvió a su hogar paterno.

131

Cuando se hubo serenado un poco decidió volver a su esposa, pero descubrió que ella se había casado con otro, pensando que él ya no la quería más. Esto lo enfureció. Para vengarse, tomó trescientas zorras, las ató de dos en dos, cola con cola, con una tea encendida en el medio, y luego soltó a los enloquecidos animales en medio de los campos de mies y de los viñedos de los filisteos. Puedes imaginarte lo que ocurrió. Esas zorras deben haber prendido fuego a centenares de hectáreas, dejando tras sí sólo campos arrasados por el fuego.

Ahora le tocaba a los filisteos el turno de enfurecerse. Fueron a la tierra de Judá y exigieron que les entregaran a Sansón para castigarlo. De manera que tres mil hombres de Judá rodearon a Sansón, lo ataron, y lo entregaron a los filisteos. Pero apenas se encontró entre sus enemigos, rompió las ligaduras como si fueran "hilos de lino quemados por el fuego" y, tomando la quijada de un asno, mató con ella a mil hombres.

Para entonces se había extendido la fama de que él era el hombre más fuerte de la tierra. Todos lo temían. Aun cuando intentaban hacerlo, los filisteos no pudieron tomarlo. Una noche que se encontraba en Gaza, las autoridades de la ciudad

cerraron las puertas para que no pudiera escaparse. ¡Pero a media noche Sansón cargó sobre sus hombros las dos hojas de la puerta y los pilares que la sostenían, y los tiró en la cima de una colina a varios kilómetros de distancia!

A la mañana siguiente, cuando los filisteos vieron la tremenda abertura que había quedado en la muralla de Gaza, debe haberles dado un ataque. ¿Pero qué podían hacer? Ese gigante era un hombre demasiado fuerte e inteligente como para habérselas con él.

Entonces se enteraron de que Sansón se había enamorado de una mujer llamada Dalila, y se propusieron trabajar por su medio para apresarlo. "Halla el secreto de su fuerza", le pidieron, y usando de astucia, ella trató de hacerlo. Pero no era fácil. Por tres veces él la engañó.

Una vez le dijo que si lo ataba con siete mimbres verdes, quedaría indefenso. Pero cuando ella lo ató, Sansón las rompió como nada.

Otra vez le dijo que si lo ataba con cuerdas nuevas, sería tan débil como cualquier otro. Pero después que ella se molestó para encontrar las cuerdas nuevas y atarlo con ellas, las rompió como si hubieran sido hilos delgados.

La tercera vez le dijo, para divertirse, que si tejía su cabello con la tela que estaba haciendo, nunca podría libertarse. De manera que esa noche mientras él dormía, ella hizo precisamente eso. Pero a la mañana Sansón tiró con su cabello y salió con el telar a la rastra, y así se burló de ella.

Dalila, sin embargo, siguió día tras día pidiéndole que le revelara el secreto, alternando las lágrimas con el enojo y con las bromas, hasta "producirle un tedio de muerte". En otras palabras, insistió hasta el punto en que él pensó que ya no

podía aguantar más. Entonces, harto de oírla, se lo reveló.

Le dijo que el secreto de su fuerza residía en el hecho de que él era nazareo, un hombre consagrado a Dios, y que su cabello largo y hermoso, arreglado en siete largas trenzas era una señal de ello. Le dijo también que si alguna vez le cortaban esas siete trenzas, se volvería realmente tan débil como cualquier otro hombre.

Segura de que al fin le había dicho la verdad, Dalila planeó cortarle el cabello esa misma noche, e invitó a los principales de los filisteos para que vinieran a ver el resultado.

Después de que Sansón se durmió ella trajo a un hombre para que le afeitara la cabeza. Las siete trenzas doradas, símbolo de su devoción a Dios, cayeron al suelo, y con ellas desapareció su fuerza. Cuando Dalila gritó: "¡Sansón, los filisteos sobre ti!", él ya no pudo defenderse. Trató de luchar, pero "Jehová se había apartado de él".

Entonces fue hecho prisionero. Los filisteos le arrancaron los ojos, lo encadenaron con cadenas de bronce, y lo pusieron a trabajar en un molino.

¡Pobre Sansón! ¡Cómo había fallado en todo! Costaba creer que ese hombre ciego y encadenado en el molino era el mismo niñito a quien sus padres habían amado tan tiernamente, y de quien Dios había esperado tanto. ¡Cómo habrán llorado por él Manoa y su esposa, y cómo habrán deseado que de alguna manera les hubiera sido posible evitar que él trabara amistad con esas niñas paganas! Pero ahora era demasiado tarde.

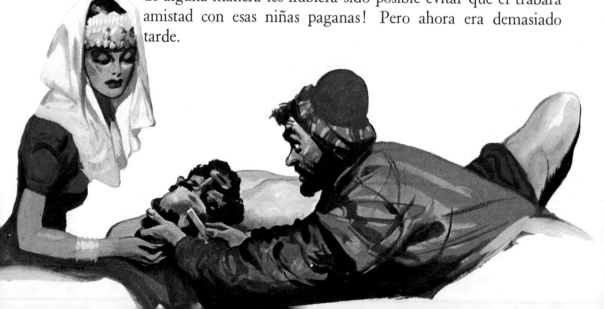

Mientras ese molino de rueda daba vueltas, y vueltas y vueltas, Sansón tuvo tiempo de pensar en todos sus errores y en la vida que podría haber vivido. Avergonzado y apenado, se volvió a Dios y le rogó que le concediera una oportunidad más.

A medida que pasaban las semanas y los meses, notó que le estaba creciendo de nuevo el cabello. Y cada pulgada que aumentaba parecía acercarlo más a Dios. Gradualmente sintió que su antigua fuerza volvía.

Entonces un día se lo dejó salir del molino. Oyó que la gente hablaba de una gran fiesta en honor de Dagón, el dios de los filisteos. Alguien le dijo que se lo había dejado en libertad para que sirviera de diversión a la multitud. Entonces se imaginó dónde lo llevaban. El había estado antes en ese lugar. Recordaba que en el centro había dos grandes pilares que sostenían el techo. Y se le ocurrió una idea. Le pediría al muchacho que lo conducía de la mano que le mostrara dónde estaban los pilares, para apoyarse en ellos. Cuando estuvo allí, rodeó cada uno de los pilares con sus brazos, y clamó de lo profundo de su alma: "Señor, Jehová, acuérdate de mí; devuélveme la fuerza sólo por esta vez, para que ahora

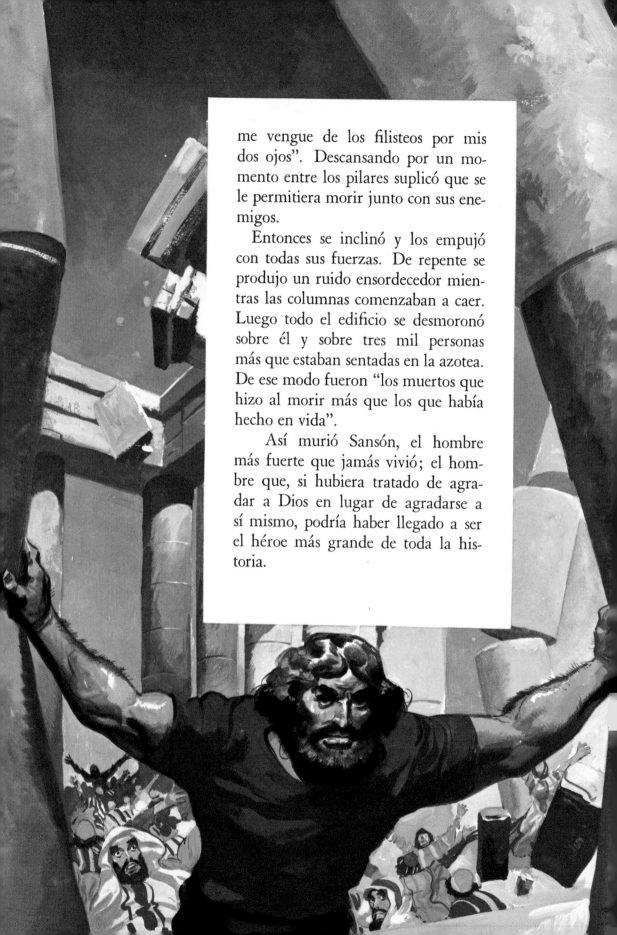

me vengue de los filisteos por mis dos ojos". Descansando por un momento entre los pilares suplicó que se le permitiera morir junto con sus enemigos.

Entonces se inclinó y los empujó con todas sus fuerzas. De repente se produjo un ruido ensordecedor mientras las columnas comenzaban a caer. Luego todo el edificio se desmoronó sobre él y sobre tres mil personas más que estaban sentadas en la azotea. De ese modo fueron "los muertos que hizo al morir más que los que había hecho en vida".

Así murió Sansón, el hombre más fuerte que jamás vivió; el hombre que, si hubiera tratado de agradar a Dios en lugar de agradarse a sí mismo, podría haber llegado a ser el héroe más grande de toda la historia.

HISTORIA 9

La Espigadora

DE EN medio de la oscuridad y de la tristeza de los días cuando Israel era gobernado por los jueces, surge una de las historias más hermosas que jamás se haya contado. Se refiere a una niña llamada Rut, nacida entre los moabitas, enemigos de Israel desde hacía mucho tiempo.

Supongo que desde niña sólo había escuchado hablar mal de los israelitas, y de no haberse encontrado con Noemí, podría haber seguido teniéndoles siempre antipatía.

Noemí era la madre de dos muchachos de más o menos la edad de Rut. Uno de ellos se llamaba Mahlón y el otro Quelión.

El padre de los niños se llamaba Elimelec y los cuatro habían venido desde Belén hasta Moab por causa del hambre que reinaba en su propio país.

Después de la muerte de Elimelec, Rut y Mahlón se enamoraron y se casaron, y una amiga de Rut llamada Orfa se casó con Quelión.

Los cinco eran muy felices, porque Noemí era una suegra

137

ILUSTRACION DE KREIGH COLLINS   © 1954, BY REVIEW AND HERALD

Dios contestó la oración de Sansón y le concedió fuerza para destruir el templo del dios-pez Dagón, en el cual perecieron tres mil filisteos que se burlaban de él y oprimían al pueblo.

sumamente bondadosa. Ella quería mucho a sus nueras y ellas a su vez también amaban a Noemí.

Siendo una mujer piadosa, sin duda se entristeció cuando sus hijos se casaron con niñas paganas; pero se propuso hacer todo lo posible para guiarlas al amor del Dios de Israel.

Aprovechando cada oportunidad que se le presentaba para hablarles del amor de Dios, tal como hacía mucho tiempo lo habían hecho sus padres con ella, les relató la historia de la creación del mundo y de cómo el Creador lo había transformado en un hermoso hogar para el hombre; cómo Adán y Eva habían pecado y perdido el Edén, y cómo Dios planeaba devolvérselo algún día. Les habló también acerca del diluvio y de cómo Noé y su familia se habían salvado en el arca, de las promesas que Dios le había hecho a Abrahán, de los días oscuros en Egipto, de la gran liberación en los días de Moisés, y de todo lo que Dios había hecho desde entonces por su pueblo.

A Rut y a Orfa les gustaba escuchar a Noemí, especialmente cuando les hablaba de las cosas maravillosas que Dios haría por Israel en el futuro. Es posible que alguna vez les dijera también que, mediante una buena niña, vendría "la simiente" de la mujer, que aplastaría la cabeza de la serpiente.

Pasaron diez años. Entonces sobrevinieron dificultades y una gran tristeza. Uno tras otro fallecieron los dos esposos: primero Mahlón y luego Quelión. Debe haber sido terrible el dolor que sacudió ese hogar, donde las tres, Noemí, Rut y Orfa lloraban la pérdida de sus amados. ¡Pobres criaturas! ¡Cuán difícil les habrá sido creer en la bondad de Dios! Pero lo hicieron.

Entonces la valiente Noemí decidió volver a su antiguo

hogar en Belén, y las dos nueras resolvieron acompañarla. No obstante, en el camino, Noemí se preguntó si hacía bien en sacarlas de su propio país.

"Andad, volveos cada una a la casa de vuestra madre —les dijo bondadosamente—, y que os haga Jehová gracia, como la habéis hecho vosotras con los muertos y conmigo". Luego las besó y las tres lloraron.

Tanto Rut como Orfa le aseguraron que por su parte preferían acompañarla de vuelta a su patria. No la abandonarían. La amaban demasiado para hacerlo. Pero Noemí insistió en que era mejor para ellas volver a la casa paterna para formar de nuevo su hogar, y que les sería más fácil hacerlo entre su propio pueblo, donde las conocían.

Después de discutir mucho el asunto, Orfa por fin se convenció. Besando a su suegra, con muchas lágrimas se volvió a la casa de su madre. Me la imagino saludando por última vez antes de llegar a un recodo del camino.

Pero Rut no estaba dispuesta a volver. En cambio le dijo a Noemí en palabras que vivirán para siempre: "No insistas en que te deje... Donde vayas tú, iré yo; donde mores tú, moraré yo; tu pueblo será mi pueblo y tu Dios mi Dios".

De manera que Noemí y Rut continuaron juntas, recorriendo a pie, lentamente y con el corazón apenado, la senda áspera y empinada que conducía a Belén.

Cuando por fin llegaron a la antigua aldea se produjo una gran excitación. "¡Noemí ha vuelto!", exclamaba la gente, agolpándose a su alrededor para escuchar las noticias que traía de la tierra de Moab. "Pero, ¿dónde está tu esposo?", le preguntaron, y "¿dónde están los muchachos?" Con lágrimas contó ella su historia. "Salí con las manos llenas, y Jehová me ha hecho volver con las manos vacías".

Afortunadamente había comenzado la cosecha de la cebada, de manera que había trabajo y alimento. Rut en seguida se ofreció para ir a los campos y espigar con las otras jóvenes de la aldea. En aquellos días las espigas de cereal se cortaban y se juntaban a mano, y lo que dejaban los segadores, era recogido por las espigadoras.

Cierto día en que Rut se hallaba muy atareada trabajando, llegó Booz, el dueño del campo. Al ver que entre sus espigadoras había una joven forastera, se detuvo para indagar quién era. El encargado le contestó: "Es una joven moabita que se ha venido con Noemí de la tierra de Moab".

Booz se interesó en ella. Tenía deseos de conocerla, especialmente en vista de que Noemí era parienta suya.

Llamando a Rut, le dijo que tenía conocimiento de la bondad que ella había manifestado para con Noemí, y de su decisión de abandonar su propia tierra para venir a vivir entre extraños. "Que Jehová te pague lo que has hecho y recibas cumplida recompensa de Jehová, Dios de Israel, a quien te has confiado y bajo cuyas alas te has refugiado".

Con una amable sonrisa, Rut le agradeció sus palabras bondadosas, lo cual complació a Booz, quien le pidió a los segadores de su campo que dejaran caer algunas espigas como al descuido con el fin de que Rut las recogiera y dispusiera así de más grano para llevarle a Noemí.

Con el transcurso de los días, Booz y Rut comenzaron a verse cada vez más a menudo, hasta que finalmente se celebró una boda en Belén. Esa boda habrá causado verdadera sensación en el pueblo, porque Booz era un hombre muy rico y Rut una joven muy pobre y, además, moabita.

Los comentarios de la boda habrán seguido durante semanas, y se habría hablado mucho más si de antemano se hubieran conocido los resultados que traería. Porque Rut y Booz tuvieron un niñito a quien llamaron Obed. Obed a su vez tuvo un hijo llamado Isaí. E Isaí tuvo un hijo llamado David.

Por lo tanto Rut —la amable, bondadosa y fiel Rut— llegó a ser la bisabuela del rey David, la tatarabuela del rey Salomón y, por la tanto, una antepasada directa de José, el esposo de María de quien, mil años después, en la mismísima aldea de Belén, nacería el niño Jesús.

Estoy seguro de que Rut, cuando estaba allá en su tierra y escuchaba relatar a Noemí las maravillosas historias del Dios de Israel —el Dios del cielo y de la tierra—, nunca soñó que se la haría objeto de tan grande honor. ¡Cuánto se alegrará durante toda la eternidad por haber entregado entonces su corazón al Señor!

CUARTA PARTE

Historias de Samuel y Saúl

(1° de Samuel 1:1 a 16:13)

HISTORIA 1

Consagrado al Señor

DURANTE todo este tiempo el tabernáculo construido en el desierto había estado en Silo, localidad situada a unos cuarenta kilómetros al norte de Jerusalén, donde Josué lo había ubicado poco después de cruzar el Jordán. Por haber estado expuesto a la intemperie durante casi trescientos años, se lo veía bastante gastado, pero seguía siendo el lugar de adoración de todos los que permanecían fieles al Dios del cielo.

Dentro del tabernáculo estaba todavía el arca, el candelabro con los siete brazos, el altar del incienso y la mesa de los panes de la proposición, enseres que el joven Bezaleel había hecho con una maestría tan maravillosa. Afuera estaba el altar de bronce —recubierto por una capa verduzca producida por la acción del tiempo— del cual se elevaba el humo del sacrificio que se estaba ofreciendo.

Elí era ahora el sumo sacerdote, un hombre débil de carácter, que no tenía punto de comparación con Aarón o Eleazar, quienes habían sido los primeros en desempeñar ese oficio.

...na había dedicado al Señor a su hijo Samuel ...ntes de que naciera, y ahora lo traía para que ...iviera con el sumo sacerdote Elí, con el fin ...e que se preparara para el servicio divino.

Sus dos malcriados hijos, Ofni y Finees, cometían toda clase de injurias, y debido a su mal ejemplo el santuario estaba cayendo en descrédito.

Como puedes imaginarte, Dios se sentía muy disgustado, y comenzó a buscar otro líder.

Cierto día en que Elí se encontraba sentado a la puerta de la tienda, le llamó la atención una mujer que actuaba en una forma muy extraña. Parecía estar gesticulando y hablando consigo misma, y Elí llegó a la conclusión de que estaba ebria.

Viendo una oportunidad para hacer algo con el fin de detener la ola de impiedad que reinaba en el servicio del santuario, reprendió severamente a la mujer a quien suponía ebria.

"No estoy ebria —le dijo ella—. Me siento demasiado afligida como para hablar. Estaba solamente derramando mi alma delante de Dios". Elí entonces se apenó de haberle hablado tan ásperamente, y quizás le pidió que le contara su historia.

Tal vez entonces Ana le dijo que estaba casada con un hombre bondadoso llamado Elcana, pero que no tenían hijos. Y, ¡oh, cuánto deseaba ella un hijo! Sus amigas tenían muchos niños, pero ella no tenía ninguno. Ni siquiera uno. Eso no parecía justo.

Había llorado mucho a causa de ello, hasta que parecía que no podía llorar más. Su esposo le había dicho: "¿No soy yo para ti mejor que diez hijos?"; aunque, naturalmente, él no entendía lo que ella sentía.

Repetidas veces había orado sobre el asunto, pero no había ocurrido nada. Por eso había acudido al tabernáculo, para pedirle a Dios una vez más que le concediera un niño, y que lo hiciera pronto. Si él le concedía su petición, ella le prometía a su vez que lo consagraría "a Jehová por todos los días de su vida".

El corazón de Elí se conmovió. "Vete en paz —le dijo tiernamente—. Y que el Dios de Israel te otorgue lo que tanto le has pedido".

Ana dejó de sollozar. Una hermosa sonrisa se dibujó en su rostro surcado por las lágrimas. Por lo que Elí había dicho, y por la forma como lo había dicho, se sintió segura de que su oración sería contestada. Por primera vez desde hacía muchos años volvió feliz a su casa.

Dios contestó su oración. Al poco tiempo, así le pareció a ella, llegó un hermoso bebé al que llamó Samuel, nombre que significa "pedido a Dios".

¡Cuán feliz se sentía de tener un muchachito propio! Lo que la hacía aún más feliz era el pensamiento de que ese querido capullito de amor le había llegado directamente del cielo en respuesta a sus oraciones.

La siguiente vez que Elcana fue al tabernáculo en Silo, Ana quedó en la casa, para cuidar mejor del bebé. Día tras día y mes tras mes cuidó tiernamente de él, atesorando cada precioso minuto que lo tenía consigo. Porque no había olvidado su promesa de entregárselo al Señor.

Cuando finalmente Samuel pudo caminar y alimentarse

solo, Ana tomó a su precioso hijito y lo llevó al sacerdote Elí.

Al principio el anciano pareció no reconocerla, de manera que ella le dijo: "Oyeme, por tu vida, mi señor: Yo soy aquella mujer que estuvo aquí cerca de ti, orando a Jehová".

Luego señaló al niño Samuel, que se aferraba a sus vestidos. "Este niño le pedía yo —dijo ella—. También ahora quiero yo dárselo a Jehová por todos los días de su vida, para que sea siempre donado a Jehová".

Elí se sintió turbado. Nunca había visto un fervor, una devoción, un amor a Dios tales como los que en ese momento percibía revelados en el rostro de Ana. Era algo tan distinto de la expresión insolente y despiadada que había observado tan a menudo en el rostro de sus hijos. Si todos los israelitas hubieran amado a Dios de esa manera, y hubieran estado dispuestos a consagrarle a él sus hijos, ¡cuán diferente hubiera sido todo!

Reverentemente el anciano inclinó su cabeza y adoró. En cuanto a Ana, cayó de rodillas y comenzó a orar: "Mi alma salta de júbilo en Jehová...; porque esperé de él la salud. No hay santo como Jehová, no hay fuerte como nuestro Dios".

Esa no fue una oración silenciosa como la que había elevado años antes. La pronunció en alta voz, para que todos la escucharan: "Levanta del polvo al pobre, de la basura saca al indigente, para hacer que se siente entre los príncipes y darle parte en un trono de gloria".

En ese momento Ana se sentía como una princesa. Y en lo íntimo de su alma sabía que Samuel, su precioso niño Samuel, era ahora un príncipe de Dios. ¿Acaso no lo había consagrado al Señor de la gloria por el resto de su vida, en verdad, para siempre jamás?

148

HISTORIA **2**

Una Voz en la Noche

NO ME sorprendería que Samuel se hubiera dormido llorando esa primera noche que fue dejado con Elí, porque era solamente un niñito y nunca antes había estado separado de su madre.

En cuanto a Ana, estoy seguro de que fue llorando todo el camino de regreso a su hogar, al pensar en que su pequeño tesoro tal vez se sintiera solitario en el gran tabernáculo y también en lo que aquellos rufianes, Ofni y Finees, pudieran hacerle. Pero en lo íntimo de su alma tenía la seguridad de haber procedido bien. ¿No había recibido a Samuel como un don especial de Dios? ¿No había prometido ella entregárselo al Señor?

Nunca, ni por un momento, se olvidó Ana de su precioso hijito, aun cuando Dios le dio tres hijos y dos hijas más. Día tras día, siempre que disponía de tiempo, trabajaba en una túnica para él, la cual llevó consigo la siguiente vez que fue a Silo, acompañando a su esposo, para ofrecer el sacrificio anual.

¡Qué reunión habrá sido ésa! Puedes imaginarte al niño

Samuel corriendo hacia ella con los brazos extendidos, gritando: "¡Mamá!, ¡mamá!, ¡oh, mamá querida! ¡Por fin has venido a verme!"

Año tras año Ana venía a Silo, trayendo cada vez una túnica nueva. Y cada vez ésta era un poquito más larga, y un poquito más ancha, porque Samuel iba creciendo a medida que cumplía años.

El niño se mantenía ocupado en el tabernáculo realizando toda suerte de tareas para ayudar a Elí. Sin duda siempre se necesitaba limpiar, pulir y arreglar, y eso podía hacerlo bien un muchacho de su edad.

Samuel era un muchachito tan bueno, que Elí se encariñó mucho con él. Indudablemente le contó toda la historia maravillosa del tabernáculo, de cómo Dios lo había dado a los israelitas con el fin de recordarles su propio gran sacrificio para salvarlos del pecado, y prepararlos para el día cuando irían a vivir de nuevo en el jardín del Edén.

A Samuel le gustaba escuchar las historias que el anciano le contaba de los tiempos pasados, y mediante ellas habrá aprendido mucho del trato que Dios le había dado a su pueblo.

Entonces, cierta noche, sucedió algo extraordinario. Samuel había terminado su trabajo del día, y se había ido a su camita. Todo estaba en silencio en el tabernáculo, y la fluctuante luz de la lámpara proyectaba extrañas sombras sobre las paredes y el cielo raso. De repente, oyó que alguien lo llamaba por su nombre.

—Samuel.

Pensando que Elí querría algo, se puso en pie de un salto, y corrió hacia donde estaba el anciano.

—Heme aquí —dijo.

—No te he llamado —dijo Elí—. Vuelve a acostarte.

Un poquito después la voz volvió a llamar de nuevo.

—Samuel.

Obedientemente, Samuel se levantó de nuevo y corrió hacia donde estaba Elí.

—Heme aquí —dijo—. Pues me has llamado.

—No te he llamado, hijo mío —dijo Elí—. Vuélvete.

Perplejo, Samuel volvió a su cama. Estaba seguro de que alguien lo había llamado. Y si no era Elí ¿quién podría ser?

Entonces volvió a oír la voz.

—Samuel.

De nuevo corrió hacia Elí.

—Pues me has llamado —dijo.

UNA VOZ EN LA NOCHE

Ahora fue Elí quien quedó perplejo. Era evidente que alguien le había hablado al muchacho. Supuso entonces que debía ser Dios.

Bondadosamente le dijo a Samuel:

—Anda, acuéstate, y si vuelven a llamarte, di: Habla, Jehová, que tu siervo escucha.

Muy excitado, Samuel se apresuró ahora a volver a su cama. Pero no para dormir. ¿Cómo podría hacerlo? Se tendió en el lecho, bien despierto, escuchando. ¿Volvería a hablar la voz? ¿Y se trataría realmente de la voz de Dios?

De pronto la escuchó. Era tan suave, bondadosa y tierna como podría esperarse que fuera la voz de Dios hablándole a un niñito.

—¡Samuel, Samuel! —dijo la voz.

Temblando, Samuel susurró:

—Habla, Jehová, que tu siervo escucha.

Entonces el Señor le reveló la aflicción que estaba por sobrevenirle a Elí porque no había educado a sus hijos para obrar lo que era recto, y porque les había permitido practicar tantas iniquidades en relación con el servicio del tabernáculo.

Samuel no durmió más el resto de la noche. Se estuvo dando vueltas y vueltas hasta que amaneció, preguntándose si debía decirle a Elí lo que Dios le había comunicado. Amaba entrañablemente a su anciano amo y no quería herir sus sentimientos. Pero, siendo que había recibido ese mensaje, ¿qué se esperaba de él?

Cuando llegó la mañana, fue Elí quien resolvió el problema. El tampoco había dormido mucho esa noche. Como es natural, le intrigaba saber por qué Dios había preferido hablar a Samuel, que era tan joven, en lugar de hablarle a él, que era

153

Cuando el niño Samuel oyó una voz amable que lo llamaba a altas horas de la noche, recordó lo que el sacerdote Elí le había dicho y respondió: "Habla, Jehová, que tu siervo escucha".

el sumo sacerdote. Y tenía muchos deseos de saber qué era lo que el Señor le había dicho.

—Samuel, hijo mío —le dijo cuando lo oyó levantarse al amanecer—. ¿Qué es lo que te ha dicho Jehová?

Muy apenado, Samuel comenzó a decírselo, y poco a poco le relató toda la historia "sin ocultarle nada". Cuando terminó, Elí dijo:

—El es Jehová, haga lo que le parezca bien a sus ojos.

Ese día no ocurrió nada más; tampoco al día siguiente. Pero mientras Samuel realizaba sus tareas, no se apartaba de su mente aquella voz que había escuchado en la noche.

Más de una noche, antes de irse a dormir, permanecía atento, a la expectativa. Luego le hablaba a Dios y esperaba hasta que él le respondía.

¡Qué experiencia maravillosa! ¡Un niñito hablando con el gran Dios del cielo!

El Botín Peligroso

TRANSCURRIERON los años. Samuel se hizo hombre y se lo llegó a conocer en todo Israel como un profeta de Dios. ¡Cuán orgullosa debe haberse sentido de él su madre, y cuán complacida de que lo había consagrado al Señor desde su tierna infancia!

Hasta ese momento no se había cumplido aún el mensaje que Dios le diera y que él fielmente había transmitido a Elí. Elí todavía vivía. Sus dos hijos, Ofni y Finees, se estaban portando peor que nunca. No obstante, Samuel albergaba el presentimiento de que antes de mucho iba a ocurrir algo que daría cumplimiento a la palabra de Dios.

Un día, procedentes del campamento de Israel, llegaron a Silo mensajeros y anunciaron que venían a llevarse el arca. El ejército había sido derrotado por los filisteos y los líderes pensaban que la única forma de obtener la victoria sería llevando el arca al campamento. Elí se opuso a que la llevaran, pero Ofni y Finees no lo tomaron en cuenta. Entre los dos sacaron el arca del tabernáculo, y la llevaron al campamento.

"Cuando el arca de la alianza de Jehová entró en el campamento, todo Israel lanzó tan grandes gritos de júbilo, que hacían retemblar la tierra". El pueblo consideraba el arca como una especie de talismán mágico que le daría la victoria, sin que se tuvieran en cuenta su vida ni sus sentimientos.

¡Cuán equivocados estaban! Al día siguiente, cuando los israelitas salieron otra vez a la batalla, fueron derrotados. Treinta mil hombres perdieron la vida, y entre ellos, Ofni y Finees. Y fue tomada "el arca de Dios".

Mientras tanto allá en Silo, Elí esperaba noticias. Se sentía profundamente preocupado por sus dos hijos y por el arca.

Hallándose sentado cerca del tabernáculo, vio a un hombre que ascendía de prisa el empinado camino de la montaña. Tenía sus ropas rasgadas y tierra sobre su cabeza, lo cual en aquellos días era señal de duelo. Cuando llegó a Silo y contó su historia, todos alzaron su voz en un lamento.

—¿Qué significa ese tumulto? —preguntó Elí, que tenía ya noventa y ocho años, y estaba ciego—. ¿Qué ha pasado?

Entonces el mensajero se acercó y le contó a Elí todo lo que había ocurrido.

—Israel ha huido ante los filisteos —dijo—; ha habido muchos muertos del pueblo; también tus dos hijos, Ofni y Finees, han sido muertos, y el arca de Dios ha sido tomada.

Cuando el hombre mencionó el arca de Dios, Elí se desmayó, y cayendo hacia atrás de su asiento, se golpeó la cabeza tan fuerte contra el suelo, que se quebró la nuca.

En ese mismo momento la esposa de Finees murió también mientras daba a luz a un niñito. Con su último aliento llamó al bebé "Icabod", diciendo: ¡Traspasada es la gloria de Israel! por haber sido tomada el arca de Dios".

EL BOTIN PELIGROSO

Mientras tanto los filisteos llevaban triunfantes el arca a la ciudad de Asdod para colocarla en el templo de su dios Dagón. De todo el botín que habían obtenido de los israelitas ese día, nada era ni por mucho tan valioso para ellos como el arca. No solamente estaba recubierta de oro, sino que, pensaban ellos, era el secreto de la fuerza de Israel. Pero pronto descubrieron que era la pieza más peligrosa del botín.

Creyeron que su victoria demostraba que su famoso ídolo era mayor que el Dios de Israel; pero a la mañana siguiente encontraron a Dagón caído en tierra boca abajo delante del arca. La mano de un ángel debe haberlo hecho caer durante la noche.

Los filisteos volvieron a colocar a Dagón en su lugar; pero a la mañana siguiente, el dios estaba tumbado en el suelo de nuevo, aunque esta vez, hecho pedazos. La cabeza y las manos habían sido cortadas y abandonadas en la puerta, lo cual aterrorizó en gran manera a los sacerdotes cuando llegaron por la mañana para abrir el templo.

¿Qué le habría ocurrido a su dios?, se preguntaban. ¿Quién lo habría hecho pedazos de esa manera?

Estaban tratando todavía de descifrar ese enigma, cuando se enteraron de que un gran número de personas de la ciudad se sentían muy enfermas, víctimas de un extraño mal. Y fueron tantas las que murieron, que las autoridades de la ciudad de Asdod se reunieron y resolvieron desembarazarse inmediatamente del arca de Dios. Estaban convencidos de que ella era la causante de todas sus calamidades. De modo que enviaron el arca a la ciudad de Gat.

Pero tan pronto como el arca llegó a Gat, se declaró allí la misma extraña epidemia. Un número creciente de personas enfermaba y moría. De modo que los de Gat decidieron enviarla a su vez a Ecrón. Lo mismo ocurrió en Ecrón.

Después de siete meses de repetirse idéntica experiencia, los filisteos se dieron por vencidos. En todas partes la gente pedía a las autoridades que devolvieran el arca del Dios de Israel. "Que vuelva a su sitio para que no nos mate", decían.

Por fin los cinco príncipes que gobernaban a los filisteos decidieron actuar. Llamaron a los sacerdotes de Dagón y les preguntaron qué debían hacer. Estos aconsejaron que se colocara el arca sobre un carro nuevo, tirado por dos vacas, y que

se la enviara por el camino que iba a la ciudad de Bet-semes, en la tierra de Israel.

Si las vacas avanzaban sin sus terneros —a los cuales se había encerrado—, y seguían el camino hasta llegar a Bet-semes, los filisteos debían considerar eso como una señal de que habían procedido bien, y de que todas las calamidades que habían sufrido provenían de haber retenido el arca.

Se reunió mucha gente para verla partir, pero nadie lamentó que se fuera. ¡Qué habrán pensado cuando comprobaron que las dos vacas tomaban por el camino real, "andando y mugiendo", y no se apartaban "ni a la mano derecha ni a la izquierda"!

Los que manifestaron mayor interés en el asunto fueron los príncipes de los filisteos, quienes siguieron el carro para ver lo que le ocurriría. Y casi no podían dar crédito a sus ojos cuando comprobaron que las vacas tiraban del carro, llevándolo cuesta arriba, hasta entrar en la tierra de Israel.

Es probable que hayan exclamado: "¡Cuán maravilloso es el poder del Dios del cielo!"

HISTORIA 4

Una Advertencia Desatendida

CUANDO Ofni y Finees sacaron, temerarios, el arca fuera del lugar santísimo, hicieron más daño del que se imaginaron. Ese día la gloria se apartó, no solamente de Israel, sino también del tabernáculo. El arca nunca volvió a Silo.

Faltando el arca de Silo, y habiendo muerto Elí, Samuel volvió a su antiguo hogar en Ramá donde, según las noticias que tenemos, aún vivía su madre. Ella lo había consagrado al Señor en su infancia, y ahora su hijo volvía convertido en un sabio y vigoroso líder del pueblo.

Samuel construyó una casa en Ramá y se casó. Y desde ese lugar salía para recorrer todo Israel, instando a los israelitas a abandonar sus pecados y a adorar al Dios del cielo, quien los había sacado de Egipto y los había conducido a la tierra de Canaán. "Cada año hacía un recorrido por Bet-el, Gilgal y Mizpa, y allí en todos estos lugares juzgaba a Israel".

Durante todos esos años los filisteos siguieron molestando a los israelitas, pero Samuel no cesó de advertirles a éstos que

si se volvían al Señor de todo corazón y abandonaban los dioses extraños que había entre ellos, y le servían únicamente a él, todo marcharía bien. No necesitarían temer nunca más a los filisteos.

En cierta ocasión en que Samuel convocó una reunión en Mizpa, llegó la noticia de que los filisteos se acercaban con un gran ejército. Todos se atemorizaron, pero Samuel siguió adelante con su plan, y pidió al Señor que los librara del enemigo. Repentinamente se desató una tronada. Los filisteos se asustaron al oír los truenos ensordecedores, y huyeron. Los israelitas los persiguieron hasta la frontera. Samuel tomó una piedra y con ella erigió un monumento recordativo de la gran liberación, al cual llamó Eben-ezer, diciendo: "Hasta aquí nos ayudó Jehová".

Gracias a la hábil dirección de Samuel, "humillados, no volvieron los filisteos más contra la tierra de Israel". Y los israelitas hasta retomaron algunas ciudades tan importantes como Ecrón y Gat.

Un día, cuando ya Samuel estaba envejeciendo, los ancianos de Israel fueron a verlo a Ramá. Estaban preocupados por lo que ocurriría en el futuro, después de la muerte del profeta. El problema era que, por desgracia, Samuel no había tenido más éxito en educar a sus hijos de lo que Elí había tenido con los suyos. Se había consagrado tan completamente a su obra de predicar y viajar de un lugar a otro, que no había dedicado tiempo para educar a sus hijos como debía, y ahora éstos le estaban creando muchos problemas y verdadera aflicción. Hubiera deseado que uno de ellos le hubiera sucedido en su cargo, pero ninguno de los dos parecía ser digno de ello. Y todos lo sabían.

"Tú eres ya viejo —le dijeron los ancianos—, y tus hijos no siguen tus caminos; danos un rey para que nos juzgue, como todos los pueblos".

Samuel se horrorizó. ¡Un rey! Israel nunca había tenido un rey, sino a Dios. ¿Acaso el Señor no había sido para ellos más que un rey desde que los había sacado de Egipto? ¿Por qué habrían de querer ahora un rey?

Samuel se sintió tan disgustado, que dejó a los ancianos y se fue solo para preguntarle a Dios qué debía hacer.

El Señor le indicó que hiciera lo que el pueblo le pedía, y que no lo tomara como un insulto personal, "pues no es a ti a quien rechazan —le dijo—, sino a mí, para que no reine sobre ellos". Samuel volvió a los ancianos y les advirtió acerca de lo que ocurriría si insistían en tener un rey.

"Tomará vuestros hijos y los destinará para guiar sus carros, y para ser sus guardias de a caballo y para que corran delante de sus tiros de cuatro caballos... De ellos sacará... los artífices de sus armas... Hará asimismo que vuestras hijas sean sus perfumeras, sus cocineras y sus panaderas. Y, lo que es más, os quitará también lo mejor de vuestros campos, viñas y olivares y los dará a sus criados... Tomará también... vuestros robustos jóvenes y vuestros asnos, y los hará trabajar para él".

¡Cuán ciertas eran sus palabras! Pero los ancianos no quisieron prestar atención a su advertencia. Se enojaron y gritaron: "No, no, que haya sobre nosotros un rey, y así seremos como todos los pueblos; nos juzgará nuestro rey, y saldrá al frente de nosotros, para combatir nuestros combates".

No había forma de hacerles cambiar de idea. Pensaban que todo lo que necesitaban para librarse de sus problemas era un rey. Estaban equivocados, desesperadamente equivocados, pero no podían entenderlo. Tenían que aprenderlo por experiencia.

Cuando Samuel le relató al Señor lo que los ancianos habían dicho, Dios le dijo que hiciera lo que ellos querían. "Pon sobre ellos un rey", le indicó.

De manera que los ancianos se volvieron a sus lugares, y Samuel comenzó a buscar a un joven que fuera digno de convertirse en el primer rey de Israel.

HISTORIA **5**

Se Elige un Rey

¿QUE harías tú si te pidieran que eligieras a alguien para ser rey? ¿Dónde lo buscarías? ¿Qué clase de persona sería? Ese era el problema de Samuel. Los ancianos de Israel le habían dicho: "¡Danos un rey!" Ahora le tocaba a Samuel encontrar uno.

Sin duda que pensó en todos los jóvenes buenos que había conocido en sus viajes por todo el país. Allí estaba ese muchacho alto y fornido, que había visto en una reunión en Gilgal; pero no, no era lo suficientemente bueno. Estaba también ese muchacho bien parecido que vivía en un hogar que había visitado en Bet-el; pero no era bastante fornido. Sin embargo, en alguna parte debía haber un joven apto para el cargo, pero ¿quién era, y dónde estaba?

Entonces, un día, Dios le dijo a Samuel que no tendría que buscar más. El joven venía a su encuentro y llegaría a la ciudad a la mañana siguiente. "Mañana, a esta hora —le dijo—, yo te mandaré a un hombre de Benjamín, y tú le ungirás por jefe de mi pueblo".

164

A la mañana siguiente Samuel se dirigió a la puerta de la ciudad y desde allí comenzó a observar a todos los que pasaban. A medida que la gente entraba, Samuel se preguntaba cuál de los hombres sería el que buscaba. Uno de ellos llegaría a ser el primer rey de Israel. Pero ¿cuál de ellos sería?

De pronto sus ojos se detuvieron sobre uno de los jóvenes mejor parecidos que jamás hubiera visto, "todo un buen mozo". Alto, simpático y fornido, sobresalía de entre la multitud como si hubiera nacido para ser líder.

Mientras ese joven espléndido, que sobresalía de los hombros para arriba de todos los demás, se dirigía a Samuel, Dios le dijo al profeta: "Este es el hombre. . . Este reinará sobre mi pueblo".

Naturalmente, el joven, cuyo nombre era Saúl, no sabía nada de todo el asunto. De hecho, nunca antes había visto a Samuel. Durante los últimos tres días había estado buscando las asnas perdidas de su padre, y en ese momento esas asnas eran todo lo que lo preocupaba. Su siervo le había sugerido que

165

quizás el profeta que vivía en esa ciudad podría decirles dónde se encontraban las asnas; y para eso había venido.

—¿Está aquí el vidente? —preguntó Saúl.

—Soy yo el vidente —dijo Samuel—. Por las asnas que hace tres días perdiste, no te inquietes; han sido halladas.

¿Cómo sabe él acerca de las asnas de mi padre?, se preguntó Saúl. ¿Cómo se enteró de que fueron halladas? Porque, desde luego, en esos días no había telégrafos ni teléfonos.

Entonces Samuel invitó a Saúl y a sus siervos a comer en su casa. Cuando entraron en el comedor encontraron allí a unas treinta personas; y puedes imaginarte la sorpresa de Saúl cuando se le asignó, a él y a su siervo, el lugar de honor a la cabecera de la mesa. Y se sorprendió aún más cuando Samuel le dijo al cocinero que trajera la porción especial de alimento que había reservado para esa ocasión y la colocara delante de Saúl.

Todos los que estaban en el comedor deben haberse preguntado por qué se trataba con tanta deferencia a ese forastero. Algunos quizás hayan pensado que era porque se trataba de un extraño que acababa de llegar a la ciudad; o tal vez porque estaba emparentado con Samuel. Samuel no dio ninguna explicación. Dejó que pensaran lo que quisieran. Algún día lo descubrirían.

Esa noche Samuel y Saúl mantuvieron una larga conversación afuera, sobre la terraza de la casa del profeta. Luego se retiraron a dormir.

A la mañana siguiente el profeta acompañó a Saúl y a su siervo hasta las afueras de la ciudad para despedirlos. Al llegar allí le susurró a Saúl: "Dile al mozo que pase delante de nosotros".

El siervo obedeció. Entonces Samuel destapó una pequeña vasija de aceite que había traído consigo y la derramó sobre la cabeza de Saúl. Después de eso lo besó, y le dijo que había sido ungido para ser el capitán del pueblo del Señor.

Cuando Saúl se separó de Samuel, le ocurrió algo: "Dios le trocó el corazón en otro". Eso significa que todos sus pensamientos y planes fueron cambiados.

Hasta ese momento él había pensado solamente en sí mismo; ahora comenzó a pensar en otros y en lo que podía hacer por su pueblo y por su Dios.

Samuel le dijo que cuando llegara cerca del sepulcro de Raquel se encontraría con dos hombres que le dirían que las asnas de su padre habían sido halladas. Luego, en la llanura de Tabor, se encontraría con tres hombres: Uno llevaría tres cabritos, otro tres panes, y otro una bota de vino. Estos le darían dos panes. Entonces, cuando llegara "al collado de Dios", se encontraría con un grupo de profetas, cantando y profetizando, y él se uniría a ellos.

Todo sucedió exactamente como Samuel lo había predicho; lo cual le dio a Saúl la seguridad de que todo lo demás

que el profeta le había confiado, era verdad. Entonces, unos días' después, fue a Mizpa.

Miles de personas se habían reunido en ese lugar, y Saúl supuso que esa sería la ocasión cuando Samuel lo presentaría como rey. Se atemorizó y se escondió entre el bagaje. Desde su escondrijo podía escuchar a Samuel dirigiéndose a los israelitas, recordándoles todo lo que Dios había hecho por ellos desde que los había sacado de Egipto.

Luego oyó que echaban suertes para determinar la tribu de la cual provendría el nuevo rey. Quizás la suerte caería sobre la tribu de Judá, o tal vez sobre la tribu de Simeón. Si así ocurría, él se libraría.

Pero no. La suerte cayó sobre la tribu de Benjamín: su tribu.

Luego se echaron suertes entre las familias de Benjamín,

y entonces entre los miembros de la familia de Cis. Finalmente se llamó su nombre. "¡Saúl! ¡Saúl!", gritaron sus amigos. Pero él no contestó. El gran momento de su vida había llegado y no estaba listo para él. En cambio, estaba escondido detrás de un montón de frazadas, o de una pila de cacharros, o tal vez de un fardo de heno. Por fin lo encontraron allá en su escondrijo.

Conducido a la presencia de Samuel por un grupo de personas muy excitadas, Saúl miró a la multitud en el momento en que el profeta decía: "Aquí tenéis al elegido de Jehová. No hay entre todos otro como él".

Con gusto Saúl se hubiera escapado, y hubiera vuelto a su granja o huido a cualquier parte, pero no podía hacerlo. De repente se oyó una gran ovación: "¡Viva el rey! ¡Viva el rey!"

HISTORIA 6

Saúl Salva los Ojos del Pueblo

NO TODO el pueblo de Israel se sentía feliz con la elección de Saúl como rey. Algunos con un gesto desdeñoso, dijeron: "¿Este va a salvarnos?"

Mientras tanto Saúl volvió a su casa y siguió trabajando en su granja como siempre. Se trataba, pues, de un monarca que no tenía palacio, ni parlamento, ni ejército, ni fuerza policial.

Más de una vez debe haberse preguntado qué era lo que se esperaba que hiciera un rey.

Entonces, cierto día en que traía sus bueyes del campo, le llegaron noticias de que los amonitas habían sitiado a Jabes de Galaad, y amenazado con sacarles el ojo derecho a todos los habitantes de la ciudad.

Aquel era un desafío, y Saúl lo aceptó. En seguida se dio cuenta de lo que debía hacer un rey. Rápidamente envió mensajeros por todo Israel, pidiendo voluntarios que salieran con él para salvar a los ciudadanos de Jabes de Galaad de los crueles amonitas.

SAUL SALVA LOS OJOS DEL PUEBLO

Obtuvo una respuesta maravillosa de parte del pueblo.

Este se presentó como un solo hombre: trescientos treinta mil hombres. Todos acudieron prestamente, y listos para la batalla.

A la vista de ese poderoso ejército, se levantó el ánimo de Saúl, y les comunicó a los mensajeros de Jabes de Galaad que se apresuraran a volver a la ciudad y les dijeran a sus atemorizados amigos:

"Mañana, a mediodía, seréis socorridos".

Los hombres de Israel marcharon toda esa noche, con Saúl al frente. Entonces, a la vigilia de la mañana, cayeron sobre los amonitas, y tomándolos por sorpresa, los derrotaron tan completamente que en el campamento enemigo "no quedaron dos hombres juntos".

De manera que Jabes de Galaad fue librada, y Saúl salvó los ojos del pueblo.

Todos se sentían tan felices por esa victoria, la primera bajo la dirección de Saúl, que alguien preguntó:

—¿Quiénes son los que decían: Saúl va a reinar sobre nosotros? Entréganos estas gentes para que les demos muerte.

—¡No, no! —dijo Saúl—. Nadie será muerto hoy, pues hoy ha salvado Jehová a Israel.

Samuel vio en todo eso una magnífica ocasión para darle a Saúl una mejor inauguración en su dignidad real. Por lo tanto sugirió que todos fueran a Gilgal "para renovar allí el reino.

Así lo hicieron. Alentados por el espíritu de la victoria, miles de los que habían respondido al llamamiento de Saúl para salvar a Jabes de Galaad, trasladaron sus tiendas a Gilgal. Aun cuando ya había sido elegido rey, en esa oportunidad volvieron a proclamarlo en medio de gran regocijo.

Samuel ofreció sacrificios, y el pueblo comió y bebió a sus anchas. Desde hacía mucho tiempo las cosas no habían andado tan bien.

172

"Aquí tenéis, pues, el rey que habéis querido y habéis pedido", dijo dirigiéndose a la vasta asamblea.

"Si teméis a Jehová, si le servís y obedecéis; si no sois rebeldes a los mandamientos de Jehová, viviréis vosotros y vuestro rey, que reinará sobre vosotros. Pero si no obedecéis a Jehová..., tendréis sobre vosotros la mano de Jehová".

Fervorosamente les rogó: "No ceséis de seguir a Jehová y servirle con todo vuestro corazón... Jehová, por la gloria de su nombre no abandonará a su pueblo... Temed sólo a Jehová, servidle fielmente y con todo vuestro corazón, pues ya habéis visto los prodigios que ha hecho en medio de vosotros".

En ese momento todos querían obrar bien y servir al Señor con todo su corazón para siempre.

Pero, ¡cuán rápidamente se olvidaron de todas sus buenas resoluciones! ¡Cuán pronto se metieron otra vez en dificultades!

173

HISTORIA 7

El Precio de la Impaciencia

SAUL había reinado menos de dos años cuando otra vez las cosas comenzaron a andar mal.

Eligiendo de entre todos los que acudieron a su llamado para combatir a los amonitas, reservó tres mil hombres como una especie de guardia real, y el resto lo envió de vuelta a su casa.

Entonces puso a mil de ellos bajo el comando de su hijo Jonatán.

Siendo joven y obstinado, Jonatán suscitó dificultades con los filisteos atacando una de sus guarniciones.

En venganza, los filisteos reunieron un tremendo ejército de tres mil carros y seis mil jinetes, y "de pueblo un número comparable a las arenas del mar", y marcharon contra los israelitas.

Cuando los israelitas se enteraron de esta nueva invasión, se aterraron. "Se ocultaron en las cavernas, en la maleza y en las peñas, en las torres y en las cisternas". Muchos huyeron buscando refugio al otro lado del Jordán.

EL PRECIO DE LA IMPACIENCIA

"Saúl estaba todavía en Gilgal, y todo el pueblo temblaba, medroso, al seguirlo".

Samuel le había dicho a Saúl que en el término de siete días se encontraría con él en ese lugar; pero pasaban los días y el profeta no llegaba. Mientras tanto los soldados que estaban con Saúl se iban dispersando. Cuando llegó el séptimo día, la guardia real había quedado reducida a sólo seiscientos hombres.

El joven rey se impacientó. ¿Por qué no cumplía Samuel su promesa? El sabía muy bien cuán grave era la situación. Pronto desaparecería todo el ejército.

Entonces se le ocurrió algo. No esperaría más al profeta. El mismo ofrecería el sacrificio en lugar de Samuel. ¿Por qué no? Después de todo, ¿no era él el rey?

De modo que mató el animal dispuesto para el sacrificio, y lo ofreció en holocausto sobre el altar.

No obstante, apenas había desaparecido el humo, cuando "vino Samuel".

Saúl se apresuró a ir a recibirlo, pero en el rostro del anciano se advertía una expresión de dolor.

—¿Qué has hecho? —le dijo.

Saúl explicó el asunto lo mejor que pudo.

—Debido a que la gente se estaba dispersando, y que tú no venías, y que los filisteos se estaban acercando, me vi obligado, y ofrecí el holocausto.

—¡Has obrado neciamente! —le dijo Samuel con severidad—. Has desobedecido el mandato de Jehová, tu Dios.

Al no esperar a Samuel, y al ofrecer él mismo el holocausto, lo cual no debía haber hecho, Saúl había revelado una grave flaqueza de carácter. Había mostrado que no era la clase de hombre que Samuel había pensado. No era suficientemente sabio ni bueno como para ser rey, porque había demostrado que no sabía obedecer.

"Tu reino no persistirá —le advirtió el profeta. Entonces, como dándole una última estocada, añadió—: Ha buscado Jehová un hombre según su corazón para que sea jefe de su pueblo".

Eso era algo muy duro de oír en un momento como ése, pero indudablemente Saúl lo necesitaba. Poco después Samuel se fue, y Saúl fue dejado solo, con únicamente seiscientos hombres para enfrentar a las fuerzas de los filisteos que avanzaban.

Contemplando las ascuas del sacrificio que acababa de ofrecer, deseó no haber sido tan precipitado, y comenzó a preguntarse si realmente Dios lo habría abandonado tan pronto. Desanimado, condujo al grupo de sus fieles seguidores al lugar de mayor seguridad que pudo encontrar, "al extremo de Gabaa", y estableció su comando debajo de un granado.

Más de una vez habrá deseado no haber salido nunca a buscar las asnas de su padre. Entonces nunca se hubiera encontrado con Samuel, ni hubiera sido hecho rey, y nunca se hubiera visto en ese terrible aprieto.

Ahora no sabía qué hacer. La causa de Israel parecía desesperada. ¿Qué podría hacer con sólo seiscientos hombres?

176

HISTORIA **8**

El Joven Príncipe Valiente

DEL lado de Saúl había por lo menos una persona que no estaba desanimada, y esa era Jonatán. El sabía perfectamente que los filisteos tenían tres mil carros y seis mil jinetes, como también sabía cuán pocos eran los hombres que habían quedado con su padre.

No obstante, confiaba en que Dios todavía podía salvar a Israel si así lo quería.

Un día, sin decirle nada a su padre, salió del campamento con su escudero, y se dirigió por un camino rocoso hacia el ejército de los filisteos.

"Anda —le dijo a su escudero—. . . puede ser que Jehová nos ayude, pues nada le impide salvar con muchos o con pocos".

Esa declaración era realmente notable; y Dios ama a los jóvenes que poseen semejante fe y valor.

Juntos, los dos jóvenes fueron gateando de una piedra a otra, hasta que llegaron a una distancia como de un tiro de flecha de una guarnición filistea apostada en el tope de un acantilado.

Mientras el escudero se preguntaba qué haría ahora Jonatán, el joven príncipe le dijo: "Vamos a dejarnos ver de ellos y si nos dicen: Esperen a que vayamos, nosotros no subiremos a ellos; pero si nos dicen: Suban acá, subiremos, porque Jehová nos los ha entregado en nuestras manos. Esa será para nosotros la señal".

De manera que ellos salieron de detrás de una roca y gritaron a los hombres que estaban arriba.

"¡Miren! Los hebreos salen de los agujeros donde se habían metido!", dijeron los soldados filisteos mofándose de ellos.

Viendo que en el valle no había más que dos jóvenes, les dijeron: "Suban a nosotros y les vamos a enseñar una cosa". Esa era la señal que Jonatán había estado esperando. "Sube detrás de mí, le dijo a su escudero mientras él comenzaba a treparse hacia el tope del acantilado.

Los filisteos fueron tomados completamente por sorpresa, porque nunca se imaginaron que los dos jóvenes pelearían, especialmente después de haber recorrido todo el camino de ascenso a ese peñasco tan empinado. Pero ellos no conocían a Jonatán ni a su escudero.

Desenvainando sus espadas, los dos jóvenes hirieron a unos veinte hombres. Justamente en ese momento, en medio de la pelea, se produjo un gran temblor. Las mismas montañas parecían temblar. El pánico se apoderó de los filisteos, y comenzaron a pelear entre sí.

En ese momento el vigía de Saúl que estaba en Gabaa notó que algo andaba mal en el campamento de los filisteos. Parecía que el poderoso ejército "se dispersaba y corría de un lado para otro".

El valor renació en el grupito de seiscientos hombres. Tan rápido como les fue posible corrieron hacia el ejército enemigo, donde "habían vuelto sus armas unos contra otros".

Los israelitas salían en número creciente de sus escondrijos y se unían en la batalla. Cuando los filisteos los vieron venir comenzaron a huir, y los israelitas obtuvieron una gran victoria.

"Así —mediante la fe y la valentía de Jonatán y de su escudero— libró Jehová aquel día a Israel".

Pero Saúl había hecho otra cosa necia que echó a perder todo. Por alguna razón desconocida, cuando iban a la batalla, dijo a sus soldados: "Maldito el hombre que coma nada hasta la tarde". De manera que, aun cuando estaban muy hambrientos, los soldados no comieron nada en todo el día.

179

Algunos de ellos, mientras perseguían a los filisteos, llegaron a un bosque y encontraron un gran panal de miel "en el suelo", quizás en un tronco hueco. ¡Qué rica parecía! Pero no se animaron a tocarla, no fuera que Saúl los matara.

En ese momento llegó Jonatán y vio la miel. Como él no había escuchado la orden de su padre de ayunar, se adelantó y comió un poco de miel.

—Esto va a traer dificultad —le advirtió uno de los hombres que lo vio comer, pero Jonatán se rio de la advertencia. El no comprendía por qué la gente debía abstenerse de comer en un día como ése.

—Ahora me siento mucho mejor por haber comido —dijo en tono de broma, declarando que la victoria podría haber sido mucho mayor si todos hubieran podido comer también un poco de miel.

La dificultad se produjo muy pronto. Aunque nadie le contó a Saúl lo que Jonatán había hecho, él oyó rumores de que alguien había comido ese día, y juró que lo iba a descubrir.

Estaba tan enojado porque alguien lo había desobedecido, que casi se olvidó de que ése era un día de triunfo —cuando todos debían sentirse felices y agradecidos— y juró que mataría al culpable aun cuando fuera su propio hijo.

Entonces reunió a todos sus hombres y les dijo que se pusieran a un lado, y él y Jonatán se pondrían al otro. Después ordenó que se echaran suertes entre las dos partes. Así se hizo. Y puedes imaginarte su sorpresa cuando la suerte cayó sobre él y Jonatán.

En ese momento se podría haber oído volar una mosca.

Entonces Saúl ordenó: "Echad ahora la suerte entre mí y Jonatán, mi hijo".

Otra vez se echaron suertes, y ésta cayó sobre Jonatán.

Esto puso a Saúl en aprietos.

—¿Qué has hecho? —le preguntó severamente, mientras todos observaban la escena, reteniendo el aliento.

—He gustado un poco de miel —dijo Jonatán humildemente—; ¿por eso voy a morir?

Herido en su amor propio, Saúl dijo muy enojado:

—Que me castigue Dios con todo rigor si no mueres, Jonatán.

Entonces ocurrió una cosa magnífica.

Del pueblo se elevó un clamor de protesta.

"¡No! —gritaron todos—. ¿Va a morir Jonatán, el que ha hecho en Israel esta gran liberación? ¡Jamás! Vive Jehová, no caerá a tierra un solo cabello de su cabeza, pues hoy ha obrado con Dios".

"Así salvó el pueblo a Jonatán".

HISTORIA 9

Obediencia, no Sacrificios

NO LEJOS de la tierra de Israel vivía el pueblo de los amalecitas. Habían llegado a ser tan impíos que Dios ordenó que fueran destruidos. Así como hacía mucho tiempo había tenido que enviar fuego del cielo para quemar a Sodoma y Gomorra, de la misma manera el Señor enviaba ahora a Israel para destruir a los amalecitas. Eran tan malos, que no quedaba ninguna esperanza de que se arrepintieran de sus pecados.

Samuel trajo el mensaje de Dios a Saúl y le ordenó: "Ve y destroza a Amalec y extermínale con cuanto posee".

Esa no iba a ser una guerra común, sino un castigo divino. No debía tomarse ninguna clase de botín. No debía perdonarse nada, ni siquiera los animales. Aun ellos podrían estar enfermos como resultado del mal comportamiento de esa gente pecadora.

Saúl entendió muy bien lo que debía hacer. No era una tarea placentera, pero como Dios le había ordenado que la realizara, trazó planes para llevarla a cabo. Nuevamente envió mensajeros por toda la tierra de Israel, pidiendo hombres para su ejército. Esta vez doscientos diez mil hombres respondieron a su llamado.

Los amalecitas no pudieron escapar frente a un ejército tan numeroso. Fueron completamente derrotados. Pero los soldados de Israel dejaron con vida al rey Agag, y "las mejores ovejas y los mejores bueyes, los más gordos y cebados y los corderos".

Se eliminaron todos los animales inútiles, pero los que parecían fuertes y sanos... daba lástima matarlos. Al fin y al cabo, eran muy valiosos. Los animales buenos eran escasos.

De manera que los doscientos diez mil hombres volvieron de la tierra de los amalecitas arreando centenares de ovejas y una vacada numerosa. Parecía un ejército que volvía trayendo el botín de la batalla.

Saúl se sentía muy satisfecho consigo mismo. Se había realizado una tarea desagradable. El pueblo se sentía feliz con el botín que había obtenido. Tendría alimento para mucho

tiempo. Considerando las cosas en conjunto, todo había salido muy bien. Indudablemente que Samuel estaría contento y agradecido cuando oyera la historia.

Pero Samuel no estuvo ni contento ni agradecido.

Cuando el anciano profeta llegó al campamento, Saúl, muy sonriente, se apresuró a ir a su encuentro.

—¡Bendito seas de Jehová! ¡Di cumplimiento al mandato de Jehová!

—¿Es así? —dijo Samuel, mirándolo severamente—. Pues ¿qué son esos balidos de ovejas que llegan a mis oídos y el mugido de vacada que estoy oyendo?

—¡Oh, eso lo hemos traído de los amalecitas —respondió Saúl, que siempre tenía lista una excusa—, pues el pueblo ha perdonado lo mejor del rebaño y la vacada para ofrecer sacrificio a Jehová, su Dios; mas lo restante lo hemos destruido.

—¡Basta! —exclamó Samuel—. Deja que te revele lo que Jehová me ha dicho esta noche.

—Habla —dijo Saúl.

—¿No es cierto que, siendo tú pequeño a tus propios ojos

184

—continuó Samuel—, llegaste a ser cabeza de las tribus de Israel y Jehová te ungió por rey de los israelitas? Jehová te había marcado el camino y había dicho: Ve y extermina a esos pecadores de amalecitas y combátelos hasta que los aniquiles. ¿Por qué, pues, no has obedecido la voz de Jehová y te has lanzado al botín y has obrado mal a los ojos de Jehová?

—Pero —respondió Saúl—, yo he escuchado la voz del Señor y he seguido el camino que él me había trazado... si bien el pueblo ha tomado de la presa ovejas y bueyes, las primicias del anatema para inmolarlas a Jehová, su Dios, en Gilgal.

—¿Acaso se complace Jehová tanto en holocaustos y sacrificios cuanto en que se obedezca su voz? —preguntó Samuel—. He aquí que la obediencia vale más que el sacrificio, y la docilidad más que la grosura de los carneros.

Y luego añadió estas solemnes palabras:

"Por cuanto rechazaste la palabra de Jehová, él te ha rechazado de la dignidad real".

¡Rechazado!

Saúl se horrorizó. Nunca pensó que ocurriría una cosa semejante. ¡Y todo por unas pocas ovejas y vacas! ¡Seguramente que Dios no lo despojaría del reino por un punto tan insignificante como ése! Sin embargo, él no había aprendido cuán importante era la obediencia a la vista de Dios.

—Perdona mi pecado —clamó, suplicando que se le diera otra oportunidad.

Pero era demasiado tarde.

Samuel meramente repitió lo que le había dicho antes:

—Jehová te ha rechazado para que no sigas siendo rey sobre Israel.

Cuando el profeta se volvió para partir, Saúl lo asió por

sus vestidos, como para evitar que se fuera, y el manto se rasgó.

Mirando el manto rasgado, Samuel dijo: "Hoy ha roto Jehová de sobre ti el reino para entregárselo a otro mejor que tú".

De manera que no había ninguna esperanza. Saúl estaba abrumado de dolor. ¡Cuán necio había sido! ¡Qué precio tenía que pagar por su locura!

Esa noche, mientras estaba acostado en su tienda escuchando el balido de las ovejas y el mugido de las vacas que debiera haber destruido, indudablemente que vez tras vez acudieron a su mente aquellas memorables palabras: "He aquí que la obediencia vale más que el sacrificio, y la docilidad más que la grosura de los carneros".

Obediencia. . . obediencia. . . obediencia.

Así aprendió Saúl, demasiado tarde, que la obediencia, y no el sacrificio, es lo que Dios desea de todos nosotros.

HISTORIA **10**

Dios Encuentra Otro Muchacho

MIENTRAS Saúl estaba allí en su tienda esa noche pensando en todo lo que Samuel le había dicho, comenzó a preguntarse qué habría querido decir el profeta cuando afirmó que el reino le había sido quitado y dado a otro mejor que él.

¡A otro! pensó. ¿A qué otro? Su mente pasó revista a todos los que conocía... Luego pensó en Jonatán. Sí, ¿qué pasaría con Jonatán? ¿Iba a ser castigado por causa del pecado de su padre?

Por mucho que se esforzó, Saúl no pudo encontrar ninguna respuesta a sus preguntas. Si Dios estaba buscando otro rey, no había dado ningún indicio de quién sería. Esto es, no se lo había dado a Saúl. Pero Dios tenía a Samuel.

"Te envío a casa de Isaí de Belén —le dijo Dios—, pues he elegido entre sus hijos al rey".

Cuando Samuel llegó a la casa de Isaí, pronto descubrió que tendría que resolver un problema mayor del que había esperado. Porque Isaí tenía muchos hijos, todos ellos jóvenes

187

altos, fuertes y simpáticos. ¿Cómo podía saber él a quién había elegido Dios para que fuera el próximo rey de Israel?

Naturalmente, Samuel no le confió a nadie el propósito de su venida. No hubiera sido prudente hacerlo. Dijo, en cambio, que había venido para ofrecer un sacrificio, y los habitantes del lugar aceptaron su explicación como única razón de su venida. Después del sacrificio, Samuel le pidió a Isaí que le presentara a sus hijos, y éste estuvo muy gustoso de hacerlo.

El primero fue Eliab, el mayor. Era un joven alto y de tan buen parecer, que Samuel pensó que ése sería el muchacho a quien debía ungir. Pero Dios le dijo: "No tengas en cuenta su figura y su gran talla, que yo le he descartado. No ve Dios como el hombre; el hombre ve la figura, pero Jehová mira al corazón".

La Biblia no dice exactamente por qué Dios no eligió a

DIOS ENCUENTRA OTRO MUCHACHO

Eliab. Habrá sido por alguna debilidad de su carácter que lo hacía inapto para ser rey. Sus padres no la conocían, ni tampoco sus hermanos ni amigos. Aunque Dios sí, y eso bastaba.

Entonces Isaí llamó a su segundo hijo, Abinadab. Pero mientras Samuel lo saludaba calurosamente, Dios le susurró que tampoco había escogido él a ese muchacho. Luego fue presentado Sama, y otra vez volvió a ocurrir la misma cosa.

Entonces Isaí trajo a su cuarto hijo, a su quinto, a su sexto y a su séptimo. Pero a medida que los muchachos le fueron presentados a Samuel, Dios le fue diciendo: "Este no", "este no", "este no".

Para entonces Samuel se sentía realmente perplejo. Dios había rechazado a los siete hijos de Isaí y, hasta donde él supiera, no había más. ¿Qué ocurriría? ¿Había cometido una equivocación? ¿Debía considerarlos de nuevo?

DIOS ENCUENTRA OTRO MUCHACHO

Entonces se le ocurrió una brillante idea.

—Isaí —le dijo—, ¿éstos son todos tus hijos?

—Bueno, no —respondió Isaí—. Queda el más pequeño, que está apacentando las ovejas.

—Manda a buscarlo —dijo ahora Samuel, muy excitado. Pensó que, seguramente, ése debía ser el muchacho en quien Dios estaba pensando, y con ansiedad esperó su llegada.

Mientras tanto, allá en las onduladas colinas de Belén, el joven David, echado de espaldas sobre la hierba verde, contemplaba las nubes blancas y aborregadas que cruzaban por el cielo azul y transparente, y tarareaba una tonada mientras el rebaño de su padre mordiscaba a su alrededor el pasto corto, emitiendo de vez en cuando un suave balido, que añadía quietud a la apacible escena.

Repentinamente, la quietud fue perturbada por un grito distante.

—¡David! ¡David!

David se paró de un salto. Alguien lo estaba llamando.

Era uno de los siervos de confianza de su padre.

—Aquí estoy. ¿Qué quieres?

El siervo subió corriendo la colina, jadeante.

—¡David!

—¿Qué pasa? —preguntó David.

—Tu padre quiere que vayas inmediatamente. Ha venido Samuel.

—¿Samuel? ¿El profeta Samuel?

—Sí. Va a quedar a comer, y quiere verte.

—¿Verme a mí? ¡Oh, no! ¿Por qué querría verme a mí?

—Pero él quiere verte, y tu padre dice que vayas inmediatamente.

191

En cuanto el profeta Samuel vio la sonrisa de David y la bondad que se reflejaba en sus ojos, se dio cuenta de que ése era el muchacho a quien Dios había escogido para que fuera rey.